제8판

International Economics

국제경제론 해답집

김신행 · 김태기 공저

法 文 社

머리말

이 책은 "국제경제론(8판)"에 수록된 복습문제와 연습문제에 대한 해답집이다. 본 해답집은 국제경제학에 대한 이해를 높이고 학습한 내용을 검토하는 데 도움을 줄 것으로 생각한다.

"국제경제론(8판)"은 국제무역론과 국제금융론으로 구분되며, 전체적으로는 23개 장으로 구성되어 있다. 각 장의 뒷부분에는 학습한 내용을 다시 점검하고 응용할 수 있는 복습문제와 연습문제가 수록되어 있다. 복습문제는 학습한 내용을 되짚어 보기 위함이고, 연습문제는 학습한 개념을 응용하고 심화시키기 위함이다. 문제풀이는 자신이 공부한 내용을 평가하고 이해도를 높이는 데 도움이 될 것이다.

이 책은 교과서에 수록된 문제들에 대한 답안을 정리한 것이다. 학생들은 스스로 문제를 풀어본 후에 이 책의 답안을 확인하는 것이 좋을 것 같다. 자신의 풀이와 이 책의 답안이 다른 경우, 왜 다른가를 이해하는 과정에서 학습의 깊이가 더해질 것으로 생각된다. 다만, 경제학은 수학과 다르게 여러 답안이 나올 수 있으므로 이 책의 해답이 유일한 답안이 아니라는 점을 염두에 둘 필요가 있다. 따라서 독자들이 스스로 풀어본 답안이 또 하나의 정답일 수도 있다.

본 해답집은 국제경제학을 공부하고 이해도를 높이고자 하는 학생 및 일반인을 위한 것이다. 학생들은 이 책을 사용하여 학습한 내용을 확인하고, 개념을 확고히 하며, 시험에 대비할 수 있었으면 한다. 본 해답집이 국제경제학에 대한 흥미를 높이고 실력을 향상시키는 데 기여할 수 있기를 기대한다.

2024년 2월
김신행 · 김태기

차례

제 1 부   국제무역이론

제 2 부   국제무역정책

제 1 부

국제무역이론

02 교환과 국제무역

 복습문제

01. 소비자균형이란 무엇인가? 이 개념을 이용해 교환이 발생하는 이유에 대해 설명하라.

📋 소비자들은 자기 소득 내에서 효용을 극대화하고자 한다. 효용극대화가 달성되는 소비점은 무차별곡선의 기울기와 예산선의 기울기가 일치하는 점이다. 이를 소비자 균형조건이라고 하고, 이 조건은 다음과 같이 표시된다.

$$MRS_{XY}\left(=\frac{MU_X}{MU_Y}\right)=\frac{P_X}{P_Y}$$

무차별곡선의 접선의 기울기인 한계대체율은 소비자의 주관적인 교환비율을 나타내고, 예산선의 기울기인 상대가격은 시장에서 실현되는 객관적인 교환비율을 나타낸다. 위의 식은 소비자의 주관적 교환비율과 객관적 교환비율이 같을 때 효용극대화가 달성됨을 의미한다.

다음으로 교환이 발생하는 이유를 알아보자. 사람들마다 선호체계가 다르거나 재화보유량이 다르기 때문에 MRS_{XY}도 서로 다르게 된다. 예를 들어, 다음과 같이 A의 한계대체율이 B보다 작다고 하자.

$$MRS^A_{XY} < MRS^B_{XY}$$

이 식은 B가 X재의 상대적 가치를 더 높게 평가함을 나타낸다. B는 X를 더 선호하므로 A에게 Y를 주고 X를 받는 교환을 할 것이다. 이러한 교환이 이루어지면 B의 MRS_{XY}가 하락하게 된다. 그 이유는 한계효용체감의 법칙에 따라 보유량이 증가한 X재 부문에서 MU_X는 감소하고, 보유량이 감소한 Y재 부문에서 MU_Y는 증가하기 때문이다. A의 MRS_{XY}는 상승하는데, 그 이유도 같다. A의 MRS_{XY}는 상승하고, B의 MRS_{XY}는 하락하므로 궁극적으로는 두 사람의 MRS_{XY}가 서로 같아진다. 그리고 이는 시장가격인 $\dfrac{P_X}{P_Y}$와 같아지는데, 이때 두 사람 모두 효용이 극대화되는 소비자 균형이 달성된다.

02. 개인 간 교환과 국가 간 교환인 무역의 유사점과 차이점을 설명하라.

개인 간 교환은 주관적 선호를 나타내는 한계대체율의 차이에 의해 발생하고, 국가 간 무역은 무역 이전의 국내가격이 서로 달라서 발생한다. 개인이든 국가든 재화에 대한 선호의 상대적 차이가 교환을 발생시킨다는 점이 유사하다.

차이점은 개인의 경우에는 시장에서 주어진 가격을 기준으로 하여 개인들의 선호도의 차이에 의해 교환이 발생하는 반면, 국가의 경우에는 재화 부존량과 선호도에 의해 결정된 폐쇄경제의 가격이 서로 달라서 무역이 발생한다는 점이다.

03. 사회 전체의 후생수준을 평가하는 사회무차별곡선과 개인의 무차별곡선은 어떤 차이가 있는가?

개인의 선호체계는 일관성이 있어서 그 사람의 수많은 무차별곡선은 서로 교차하지 않는다. 그런데 사회무차별곡선은 수많은 개인의 무차별곡선을 합한 것이므로 개인의 선호체계가 일관성을 유지하더라도 구성원 간의 소득분배가 바뀌면 사회무차별곡선들이 서로 교차하게 된다.

무차별곡선이 서로 교차하게 되면 이를 후생수준 평가 수단으로 사용할 수 없다. 사회무차별곡선이 교차하지 않기 위해서는 국가 내의 소득분배에 변화가 없다고 가정하거나, 또는 대표적인 개인의 무차별곡선을 그 국가의 무차별곡선으로 사용한다고 가정해야 한다.

04. 국제시장가격은 어떻게 결정되고, 각 국가의 폐쇄경제 가격과 어떤 관계가 있는가?

國 국제시장가격은 세계 전체 공급량과 세계 전체 수요량에 의해 결정된다. 국제교역에 참여한 국가들의 공급량을 모두 합한 것이 세계시장에서의 공급량이고, 전체 국가의 수요량을 전부 더한 것이 세계시장에서의 수요량이다. 세계시장에서 수출량과 수입량이 같을 때, 이때의 가격을 국제시장가격이라고 한다.

국제시장가격은 두 국가의 폐쇄경제가격의 사이에서 결정된다. 즉, 가격이 높은 국가보다는 낮고, 가격이 낮은 국가보다는 높은 곳에서 국제시장가격이 형성된다. 만일 두 국가의 폐쇄경제가격의 사이가 아니라 이를 벗어난 곳에서 국제시장가격이 결정되면, 두 국가 모두 수출국이 되거나 수입국이 되기 때문에 교역이 발생할 수 없게 된다.

05. 순상품교역조건과 소득교역조건에 대해 설명하라.

國 순상품교역조건은 수출재의 가격을 수입재의 가격으로 나눈 값이며, 이는 수출 한 단위로 수입할 수 있는 양을 나타낸다. 순상품교역조건은 단순히 교역조건이라고 부르기도 한다. 소득교역조건은 순상품교역조건에 수출량을 곱한 값으로, 이는 수출 총액으로 수입할 수 있는 총량을 나타낸다.

한국의 경우 1995년 이후 순상품교역조건은 하락하고 있으나, 소득교역조건은 지속적으로 상승하고 있다. 이는 한 단위 수출로 수입할 수 있는 양은 줄어들었으나, 전체 수출량의 증가로 인해 수입할 수 있는 총량이 증가했음을 나타낸다.

01. 무차별곡선을 이용해 다음을 생각해 보라.

　1) 영희와 영희 언니에게 어머니가 사과와 배를 각각 5개씩 나누어주었다. 두 사람의 만족도는 동일할까?

　2) 어머니가 영희에게는 사과 5개, 배 10개를, 영희 언니에게는 사과 10개, 배 5개를 주었다. 둘은 서로 교환을 할까?

　　📑　1) 두 사람의 선호체계가 같다면, 부존량이 같기 때문에 만족도(효용수준)는 같다. 그러나 선호체계(효용함수)가 서로 다르다면, 만족도가 서로 다를 것이다.

　　　　2) 두 사람의 선호체계가 같다면 부존량이 서로 다르기 때문에 한계대체율이 서로 달라지므로 교환이 발생한다. 그러나 두 사람의 선호체계가 같지 않다면 부존량의 차이에도 불구하고 한계대체율이 서로 같아지는 경우가 나타나게 되는데, 이 경우에는 교환이 발생하지 않을 것이다.

02. 무역은 국가마다 재화의 상대가격이 서로 다르기 때문에 발생한다. 재화의 상대가격이 국가마다 다른 이유는 무엇인가?

　　📑　재화의 상대가격은 부존량과 사회무차별곡선에 의해 결정된다(그림 2-5 참조). 따라서 국가마다 부존량이 다르거나 또는 사회무차별곡선이 다르면 상대가격이 달라진다. 그러나 앞의 1번 문제 2)의 답에서와 같이, 두 국가 간에 부존량과 사회무차별곡선이 서로 다름에도 불구하고 상대가격이 서로 같아지는 특수한 경우가 나타날 수 있는데, 이 경우에는 두 국가의 상대가격이 서로 같으므로 무역이 발생하지 않는다.

03. [그림 2-5]에 대한 다음 물음에 답하라.

　1) A국과 B국의 X재와 Y재의 수출량과 수입량을 각각 표시하라.

　2) P^w가 국제시장가격이라면, A국의 X재 수출량과 B국의 X재 수입량이 반드시 일치해야 함을 설명하라.

　3) P^w의 가격에서는 E점을 소비하든, F점을 소비하든 총지출액이 같음을 보여라.

　4) 양국의 부존량이 서로 다르지만 무역이 발생하지 않는 경우를 그림으로 설명해 보라(양국의 선호도가 서로 다름을 가정하라).

答 1) A국의 그림 E점에서 수평으로 보조선을 그리고, F점에서 수직으로 보조선을 그릴 때, 두 보조선이 만나는 점을 D점이라고 하자. 선분 DE는 X재 수출, 선분 DF는 Y재 수입을 나타낸다. B국의 경우도 같은 방법으로 X재 수입, Y재 수출을 찾을 수 있다.

2) 두 나라밖에 없기 때문에 A국의 수출은 B국의 수입과 일치해야 한다. 만일 p^w가격에서 A국의 X재 수출량이 B국의 X재 수입량보다 더 많다면, 국제시장에서 X재의 초과공급이 발생하므로 p^w는 균형가격이 아니며 X재 가격은 하락할 것이다.

3) 같은 가격선(예산선)상의 모든 소비점은 예산이 같다. E와 F는 p^w의 가격에서 동일한 가격선 상에 있기 때문에 총지출액이 서로 같다.

4) 양국의 무차별곡선이 서로 다름을 가정하고, 두 국가의 부존량을 나타내는 E점과 E^*점을 지나는 무차별곡선의 접선, 즉 가격선의 기울기가 두 나라에서 서로 같아지도록 그림을 그릴 것

04. [그림 2-6]에서 B국의 X재에 대한 수요가 증가하였다고 하자. 그림을 이용해 답하라.
1) 무역을 하지 않을 때 B국에서 X재의 국내가격에 어떤 변화가 있는가?
2) 무역 이후 국제시장가격에는 어떤 변화가 있는가?

答 1) B국에서 X재의 수요곡선이 우측으로 이동하여 국내가격은 상승한다.

2) 이 경우 [그림 2-6]의 B국의 X재 수요곡선이 우측으로 이동하므로 국제시장에서 IM_x^B곡선이 우측으로 이동하여 X재의 국제시장가격이 올라가게 된다. 결과적으로 B국의 X재 수요 증가로 국제시장가격이 올라가고, A국의 X재 수출이 증가하게 된다.

05. 한국은 식품과 원유와 같은 원자재를 수입하면서 주로 공산품을 수출한다. 다음의 사건들이 한국의 교역조건에 미치는 영향을 해석하라.
1) 중동에서 전쟁이 발발하여 원유의 공급을 방해한다.
2) 중국이 한국의 주요 수출품인 전자제품과 자동차 생산을 확대하고 있다.
3) 러시아에서 흉년이 들었다.
4) 한국이 반도체 공장을 증설하여 생산량을 확대하였다.

答 1) 악화(수입재인 원유가격 상승)
2) 악화(한국 수출재 가격 하락)
3) 악화(수입재인 농산물 가격 상승)

4) 악화(한국 수출재 가격 하락)

06. 1997년 외환위기 이후 한국경제의 교역조건은 악화되었으나 소득교역조건은 개선되었다. 이러한 경험적 관찰에 대한 이론적 함의를 설명하라.

📋 1997년 외환위기 이후 환율이 크게 올라가면서 우리 수출상품의 외화표시 가격이 하락한 반면, 당시 주요 수입품인 원자재와 원유의 가격이 크게 상승하였다. 이로 인해 교역조건이 악화되었으나, 수출량이 크게 증가하여 소득교역조건은 개선되었다. 이는 우리나라 수출품의 가격하락에 비해 수출량이 더 많이 늘어났음을 뜻한다. 즉, 우리나라 수출품의 해외수요가 탄력적임을 나타낸다. 이는 우리나라 수출이 제15에서 공부할 마샬-러너 안정조건을 충족함을 말해준다. 마샬-러너 안정조건은 수출재와 수입재의 가격탄력성이 일정 수준 이상이면, 환율상승으로 무역수지가 개선된다고 설명한다.

03 노동생산성과 국제무역: 리카도의 무역모형

복습문제

01. 비교우위 법칙이란 무엇인가? 어떤 재화에 대한 비교우위는 어떻게 판단할 수 있는가?

　🔲 비교우위의 법칙은 모든 제품에서 절대적으로 열위에 있는 국가도 반드시 수출할 제품이 있으며, 모든 제품에서 절대적으로 우위에 있는 국가도 반드시 수입할 제품이 있고, 이러한 교환을 통해 두 국가 모두 이익을 본다는 것이다. 다시 말해서, 모든 국가는 비교우위가 있는 재화를 가지며, 비교우위재를 서로 교환함으로써 모두 이익을 얻는다는 것이다.

　비교우위는 국가 간 기회비용의 차이에 의해 결정된다. 기회비용이 상대국보다 더 낮은 재화에 비교우위를 갖게 되고, 이 재화를 수출하게 된다. 어떤 재화의 기회비용이란 이 재화를 생산하기 위해 포기해야 하는 다른 재화의 양을 말하는데, 완전경쟁시장에서는 기회비용이 상대가격과 같아진다. 리카도 모형이나 다음 장에서 공부할 헥셔-오린 모형은 완전경쟁시장을 가정하고 있으므로, 기회비용 대신 상대가격을 사용해 비교우위를 결정할 수도 있다.

02. 리카도 모형에서 국제시장가격이 어떻게 결정되며, 국제시장가격의 변화가 무역의 이익에 어떤 영향을 미치는지 설명하라.

　🔲 국제시장가격은 세계전체의 수요와 공급에 의해 결정되고, 이는 양국 국내가

격의 사이에서 결정된다. 국제시장가격이 양국의 국내가격 사이가 아니라 그 외부에서 결정되면, 두 국가 모두 수출, 또는 수입만을 하고자 할 것이므로 무역이 발생할 수 없다. [그림 3-3]의 그림을 통해 이를 확인할 수 있다.

어느 국가든지 국제시장가격이 자국의 국내가격과 차이가 크게 날수록 더 많은 이익을 얻는다. [그림 3-5]를 참조하라. 이런 관점에서 보면 소국과 대국의 무역에서는 소국이 더 많은 이익을 얻을 가능성이 있다. 극단적으로 국제시장가격이 자국의 폐쇄경제 가격과 같아지면, 이 나라는 무역으로부터 이익을 얻지 못한다. [그림 3-4]를 참조하라.

03. 무역 이후, 각 국가의 임금 수준이 어떻게 변하는지 설명하라.

🔁 무역을 하게 되면, 명목임금과 실질임금이 모두 상승하게 된다. 명목임금은 노동생산성과 재화가격의 곱으로 결정되는데, 무역 이후에 수출재(비교우위재)의 가격이 상승하므로 명목임금은 상승하게 된다. 명목임금이 수출재 가격과 같은 비율로 상승하므로 수출재로 평가한 실질임금은 불변이지만, 수입재(비교열위재)의 가격은 하락하므로 수입재로 평가한 실질임금은 상승한다. 따라서 이 국가의 실질임금은 상승하게 된다.

일반적으로 국가마다 임금수준이 다른 것은 노동생산성에 차이가 있기 때문이다. 노동생산성이 높은 국가에서 임금 수준도 높게 된다. 그리고 무역 이후 교역조건이 더 많이 개선되는 국가에서 임금수준도 더 많이 올라간다. 따라서 어떤 국가의 임금수준이 올라갔다면, 이는 이 국가의 교역조건이 개선되었거나 이 국가의 노동생산성이 다른 국가에 비해 더 많이 올라갔음을 의미한다. 식 (3.13)을 이용해 이를 설명할 수 있다.

04. 상대국보다 노동생산성이 더 낮은 재화가 수출되는 경우가 있는데, 그 이유는 무엇인가?

🔁 이는 이 국가의 임금이 상대국보다 낮기 때문이다. 재화의 가격은 '임금 × (1/노동생산성)'으로 결정되므로. 노동생산성이 낮은 나라에서 재화 가격이 더 비싸지겠지만, 이 나라의 임금이 매우 낮다면 상대국보다 재화 가격이 더 낮아질 수 있다. 그래서 상대국보다 노동생산성은 낮지만 임금이 그보다 더 낮으면, 재화가격이 상대국보다 더 낮아지게 되어 수출을 할 수 있게 된다.

05. 비교우위에 대해 사람들이 자주 오해하는 내용에는 어떤 것들이 있는가?

🔁 (1) "모든 면에서 생산성이 절대적으로 낮은 후진국은 수출할 상품이 없다고

주장한다.”

  – 비교우위 법칙에 의하면, 생산성의 절대적 차이가 아니라 상대적 차이에 의해 수출상품이 결정된다. 생산성이 절대적으로 낮은 국가는 임금이 낮기 때문에 그 국가의 비교우위재를 상대국보다 낮은 가격으로 수출을 할 수 있다.

(2) “임금수준이 낮은 개도국과의 무역은 선진국 노동자들에게 불리하므로 무역을 제한해야 한다고 주장한다.”

  – 선진국의 비교열위산업에서는 노동생산성이 개도국보다 높긴 하지만 임금이 그 이상으로 더 높기 때문에 가격경쟁력이 없게 된다. 자유무역으로 이 산업의 노동자들이 어려움을 겪는 것은 사실이지만, 낮은 가격으로 수입품을 사는 소비자들이나 수출 산업의 노동자들은 이익을 얻는다. 비교열위산업에 종사하는 사람들은 손해를 보지만, 국가 전체적으로는 이익을 얻는다.

(3) “무역은 개도국 노동자를 착취하기 때문에 불공평하다고 주장한다.”

  – 개도국 노동자들의 임금 수준이 낮은 것은 그들의 노동생산성이 낮기 때문이다. 개도국의 임금수준을 선진국 수준으로 높인다면 제품 가격이 올라가기 때문에 개도국은 수출을 못하게 될 것이고, 노동자들의 근로조건은 더 열악하게 된다. 무역을 하지 않는 것보다는 무역을 하면 임금이 올라가기 때문에, 무역을 하면 개도국 노동자들이 이익을 얻게 됨을 알아야 한다.

(4) “경쟁국의 경제가 성장하면 우리 경제가 쇠퇴할 것이라고 주장한다.”

  – 이 주장은 국가 경제를 기업과 동일시하는 오류를 범하고 있다. 기업은 자기가 생산하여 판매하는 제품이 팔리지 않으면 망하게 된다. 그러나 국가 간의 무역에서는 한 상품이 경쟁력을 상실한다고 하더라도 반드시 다른 수출 상품이 나타나게 된다. 더구나 상대국의 수출 산업에서 생산성 증가가 이루어지면 그 재화의 가격이 하락할 것이므로, 우리는 무역으로부터 더 많은 이익을 얻을 수 있다.

연습문제

01. 리카도 모형에 대한 다음 물음에 답하시오. 표 안의 숫자는 단위당 노동투입량과 총노동부존량이다.

	*A*국	*B*국
*X*재	2	5
*Y*재	3	4
총노동부존량(L)	240	400

1) *A*국과 *B*국의 *Y*재로 평가한 *X*재의 상대가격을 구하고, *A*국과 *B*국은 각각 어떤 재화에 비교우위를 갖는지를 설명하라.

2) *A*국과 *B*국의 재화에 대한 선호가 서로 다르면, 앞의 비교우위에 대한 결정은 달라지는가?

3) 만일 국제가격(P_X / P_Y)이 1이라면, *A*국은 무역을 통해 이득을 얻는가? 국제가격이 1보다 높아지면, *A*국과 *B*국의 이익배분이 어떻게 바뀌는가? 그림으로 설명하라.

4) 국제시장에서 *X*재 1단위와 *Y*재 1단위가 교환된다고 하자. *A*국이 수출하는 *X*재 1단위 생산에는 노동 2단위가 투입되고, *B*국이 수출하는 *Y*재 1단위 생산에는 노동 4단위가 투입되므로 양국간의 무역에는 부등가 교환이 이루어진다. 따라서 *A*국은 무역을 통해 이익을 보나 *B*국은 손해를 본다고 주장한다. 이 주장을 평가하라.

5) 만약 *A*국에서 *X*재 생산에 기술진보가 일어나 한 단위 생산에 필요한 노동량이 2에서 1로 감소한다면, 양국 간 무역의 이익에는 어떠한 변화가 있는가? (국제시장가격에는 변화가 없다고 가정한다.)

📖 1) *Y*재로 평가한 *X*재의 상대가격은 P_X / P_Y로 표시되고, 이는 단위노동투입량의 비율인 a_X / a_Y와 같다. 따라서 $p_A = \frac{2}{3}$, $p_B = \frac{5}{4}$, $p_A < p_B$이므로 *A*국은 *X*재, *B*국은 *Y*재에 비교우위를 가진다.

2) 리카도 모형에서 재화 가격은 노동투입량에 의해 결정되므로, 선호체계나 수요조건의 변화는 가격 결정에 영향을 미치지 못한다.

3) *A*국은 *X*재 수출국인데, *X*재의 상대가격이 2/3에서 1로 올라가면 이익을 얻게 된다. 그리고 *X*재의 상대가격이 1보다 높아지면, *A*국은 교역조건이 개선되므로 이익이 증가하고, 반대로 *B*국은 이익이 감소한다([그림 3-4], [그림 3-5]처럼 각자 그려 볼 것).

4) B국이 X재 한 단위를 스스로 생산하기 위해서는 노동 5단위가 필요한데, 노동 4단위로 Y재를 생산하여 A국의 X재 한 단위와 교환하게 되면, X재를 얻는데 노동 한 단위를 절약하는 이익을 얻게 된다. 부등가 교환이 발생하는 이유는 B국의 노동생산성이 A국에 비해 낮기 때문이다. 단순히 노동투입량의 크기만으로 부등가 교환이라고 평가하는 것은 국가마다 노동생산성 수준이 다르다는 점과 교환은 기회비용의 차이에 의해 발생하게 된다는 점을 고려하지 못한 잘못된 설명이다.

5) 기술진보가 발생하면 생산가능곡선이 밖으로 확장된다. A국에서 X재의 노동생산성이 2배 증가하였기 때문에 생산가능곡선의 X재 축이 2배 밖으로 확장된다. 국제시장가격이 불변인데 생산가능곡선이 확장되었으므로 A국의 무역의 이익은 증가한다(그림을 통해 확인할 수 있음). B국은 아무런 변화가 없으므로 이익에도 변화가 없다.

02. 다음의 표는 한국과 미국에서 각 재화의 한 단위 생산에 투입되는 노동량을 나타낸다. 양국간에 환율, 임금 및 생산비용은 다음과 같다.
 − 환율: 1,000(₩/$)
 − 임금: ₩5,000/시간(한국), $10/시간(미국)
 − 단위노동투입량

	섬유류	스포츠용품	가전제품	자동차	기계류
미국	5/3	2	2.5	2	1.5
한국	2	3	4	5	6

1) 두 나라가 무역을 하면, 한국은 어떤 상품을 수출할까?
2) 한국의 임금이 ₩5,000/시간에서 ₩7,500/시간으로 상승했을 때, 한국의 수출상품은?
3) 환율이 1,000₩/$에서 1,500₩/$으로 인상된 경우, 한국의 수출상품은?

🖆 1) 달러 표시 가격으로 두 국가의 제품을 비교하면 다음과 같다. 미국 제품 가격은 노동투입량에 임금($10)을 곱한 값이고, 한국 제품 가격은 노동투입량에 임금(₩5,000)을 곱한 후, 이를 환율 1,000(₩/$)으로 나눈 값이다. 표에서 보듯이 한국은 섬유류, 스포츠용품, 가전제품의 가격이 미국보다 낮다. 따라서 이 세 제품을 수출한다.

	섬유류	스포츠용품	가전제품	자동차	기계류
미국제품가격($)	16.7	20	25	20	15
한국제품가격($)	10	15	20	25	30

2) 달러 표시 가격 계산에서 한국임금 ₩5,000 대신 ₩7,500을 곱하여 계산하면 다음과 같다. 한국은 섬유류만 수출하게 된다. 즉, 한국의 임금이 올라가면 수출상품의 범위가 줄어든다.

	섬유류	스포츠용품	가전제품	자동차	기계류
미국제품가격($)	16.7	**20**	**25**	**20**	**15**
한국제품가격($)	**15**	23	30	38	45

3) 달러 표시 가격 계산에서 환율을 1,000₩/\$ 대신 1,500₩/\$을 이용하면 다음 표와 같다. 한국은 섬유류, 스포츠용품, 가전제품, 자동차의 가격이 미국보다 낮아서 이들 제품을 수출하게 된다. 환율이 올라가면, 한국이 경쟁력을 갖는 수출품의 범위가 늘어난다.

	섬유류	스포츠용품	가전제품	자동차	기계류
미국제품가격($)	16.7	20	25	20	**15**
한국제품가격($)	7	**10**	**13**	**17**	20

03. 모든 산업에서 미국의 노동생산성은 중국의 노동생산성보다 높은데도 불구하고, 미국은 중국으로부터 많은 재화를 수입하고 있다.

1) 생산성이 높은 미국에서 그렇지 않은 중국으로부터 제품을 수입하는 이유는?

2) 미국의 노동자들은 낮은 임금의 중국과 경쟁하기 위해서는 미국의 임금수준이 하락할 수밖에 없기 때문에 중국과의 자유무역은 부당하다고 주장한다. 이러한 주장은 타당한가?

📋 1) 중국이 비교우위를 갖는 제품에서는 중국의 노동생산성이 미국보다 낮지만 임금이 더 낮기 때문에 이 제품의 가격이 미국보다 낮게 된다. 즉, 노동생산성 측면에서 절대적 열위에 있더라도 임금이 더 낮다면 수출을 할 수 있게 된다.

2) 어떤 산업의 노동생산성이 중국보다 높음에도 불구하고 수입을 하는 것은 노동생산성의 높이보다 임금이 더 높아서 가격경쟁력이 없기 때문이다. 수출산업들은 미국의 높은 임금에도 불구하고 생산성이 더 높기 때문에 가격경쟁력이 있다. 정리하면, 노동생산성이 높다고 경쟁력이 있는 것이 아니라 임금이 노동생산성보다 더 높은가 아니면 낮은가에 의해 경쟁력이 결정된다. 이것을 결정해 주는 것이 기회비용 개념이고, 비교우위 개념이다. 중국과 경쟁에서 경쟁력이 없는 산업은 기회비용이 높은 산업, 즉 비교열위산업들이다.

04. 리카도 모형에서 환율 상승이 무역에 미치는 영향에 대해 답하라.

1) 자국의 환율상승이 자국의 상대임금에 미치는 영향은?

2) 다재화 모형에서 환율 상승이 자국의 수출재 범위에 미치는 영향은?

📖 1) 외국 임금을 자국화폐로 표시하면 ew^*이므로 (외국 임금에 대한) 자국의 상대임금은 w/ew^*이다. 이 식으로부터 환율 e가 상승하면 자국의 상대임금이 하락함을 알 수 있다. 자국의 상대임금 하락은 자국 노동자들의 실질 임금이 외국 노동자들보다 낮아짐을 뜻한다. 다시 말해서, 환율이 상승하면 외국 제품의 자국화 표시 가격이 상승하게 되므로 자국 노동자들의 실질임금이 낮아진다고 할 수 있다.

2) 환율이 상승하면 자국의 상대임금이 하락하므로 자국 수출재의 범위가 확대된다.

05. 재화 생산의 단위노동투입량이 문제 1번의 표와 같다고 하자. 무역 이후 X재와 Y재의 국제시장가격은 모두 10,000원이라고 하자. 다음 물음에 답하라.

1) A국과 B국의 임금은 각각 얼마인가?

2) Y재 기격만 12,000원으로 올라가면, A국과 B국의 임금은 각각 얼마가 되는가?

3) 두 나라의 X재와 Y재에서 노동생산성 차이를 구하라.

4) 앞의 1)−3)을 이용해 두 국가의 임금 차이와 노동생산성 차이의 관계를 설명하라.

5) 1)과 2)를 이용해 재화가격, 임금, 무역의 이익의 관계를 설명하라.

📖 1) A국 2단위 노동으로 X재를 생산하여 수출하므로 임금은 5,000원, B국 4단위 노동으로 Y재를 생산하여 수출하므로 임금은 2,500원이 된다.

2) X재 가격은 불변이므로 A국 임금은 5,000원으로 불변이고, Y재 가격은 12,000원이 되었으므로 B국 임금은 3,000원으로 올라간다.

3) 노동생산성은 단위노동투입량의 역수다. 두 국가의 노동생산성 차이가 X재에서는 (A국노동생산성/B국노동생산성)=$(1/2)/(1/5)$=2.5배, Y재에서는 (A국노동생산성/B국노동생산성)=$(1/3)/(1/4)$=1.33배이다. A국의 노동생산성이 B국보다 두 재화 모두에서 더 높다.

4) A국 노동생산성이 B국보다 1.33~2.5배 더 높기 때문에, A국의 임금은 B국보다 1.33~2.5배의 범위에서 더 높게 형성된다. A국 임금은 B국보다 1)번에서는 2배 높고, 2)번에서는 1.67배 높다. 둘 다 노동생산성 범위인 1.33~2.5의 사이에 있다. 두 국가의 임금 차이는 노동생산성 차이의 범위

내에 있음을 보여준다.

5) Y재 가격이 10,000원에서 12,000원으로 올라가면, 이 재화에 비교우위가 있는 B국의 임금이 2,500원에서 3,000원으로 올라간다. 비교우위재 가격이 올라가면, 임금이 올라간다. 임금 상승은 무역의 이익 증가를 의미하므로, 수출재 가격이 상승하면 무역의 이익을 증가하게 됨을 말해준다.

06. 문제 1번의 표를 이용해 다음 물음에 답하라.

1) 세계 생산가능곡선을 그려라.

2) B국의 노동부존량이 500으로 증가하였다고 하자. 세계 생산가능곡선을 그려라.

3) 2)에서 국제시장가격은 각각 어떻게 될까?

답 1)

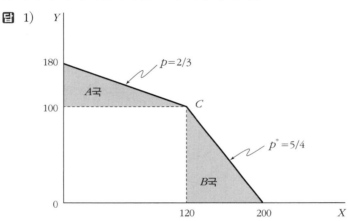

2)

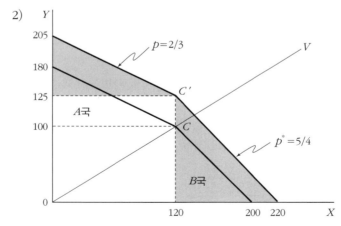

3) 세계 생산가능곡선 변화 이후, C'점은 OV선의 좌측에 위치하므로 C점에 비해 무차별곡선의 접선의 기울기가 더 경사지고, 이는 X재의 상대가격이

더 높아졌음을 뜻한다. 즉, B국에서 노동부존량이 증가한 경우, 세계 시장에서 Y재 공급량의 증가로 인해 Y재의 상대가격은 떨어지고, X재의 상대가격이 올라간다.

간단하게는 다음과 같이 생각하면 된다. B국의 노동량 증가로 B국의 생산량이 증가하는데, B국은 Y재 수출국이므로 Y재의 국제시장 공급량이 증가한다. 이로 인해 Y재의 상대가격이 하락하고, 반대로 X재의 상대가격이 상승한다.

07. 다음 서술의 진위를 판정하고, 논평하라.
1) 무역 이후에도 양국의 기술수준과 총노동량에 변화가 없기 때문에 세계 전체 생산량도 무역 이전과 동일하다.
2) 미국은 세계 어느 나라보다도 서비스 부문에 비교우위가 있다. 그러나 서비스는 공산품에 비해 교역이 어렵기 때문에 미국은 무역으로부터 이익을 얻을 수 없다.
3) 후진국은 대부분 노동생산성이 낮을 뿐만 아니라 자원도 풍부하지 못해 수출할 상품이 없다. 따라서 무역으로부터 이익을 얻기도 어렵다.
4) 중국의 생산성 증가는 한국 수출상품의 경쟁력을 하락시켜 한국경제에 나쁜 영향을 미친다.
5) 펩시콜라와 코카콜라의 경쟁에서 한 기업의 성장이 다른 기업의 위축을 초래하는 것처럼 한 국가의 성장은 다른 국가의 위축을 초래한다.

답 1) (틀림), 국가마다 비교우위재만을 특화 생산하면, 세계 전체 생산량은 증가한다. 무역 이후 두 국가 모두에서 더 많은 재화를 소비할 수 있게 된 것은 세계 전체적으로 생산량이 증가했음을 뜻한다.

2) (틀림), 서비스재의 교역이 불가능해도 교역 가능한 상품이 있다. 교역재인 공산품 내에는 수많은 재화가 있고, 이들 중에 반드시 비교우위재가 있으며, 이를 수출함으로써 무역의 이익을 얻을 수 있다.

3) (틀림), 비교우위는 상대적 개념으로서 기회비용에 의해 결정되기 때문에, 노동생산성이 낮거나 부존자원이 없는 국가도 반드시 비교우위재가 있고, 이를 수출할 수 있다. 그러므로 무역의 이익을 얻을 수 있다.

4) (틀림), 중국의 생산성 증가는 한국 수출 상품의 경쟁력을 상대적으로 낮추지만, 한국의 교역조건을 개선시키고 또 중국경제의 성장으로 한국의 대중국 수출이 늘어나 전반적으로 한국경제에 보탬이 된다.

5) (틀림), 펩시콜라와 코카콜라는 동일한 시장을 상대로 점유율 경쟁을 하기

때문에 한 기업의 성장은 다른 기업의 위축을 초래한다. 그러나 국가 간 무역은 수많은 산업에서 이루어지므로 경쟁력이 없는 비교열위 산업의 위축은 다른 비교우위 산업의 성장으로 상쇄된다.

04 요소부존도와 국제무역:
헥셔-오린의 무역모형

복습문제

01. 리카도 모형과 헥셔-오린 모형에서 생산가능곡선이 서로 다른 모습을 보이는 이유는 무엇인가?

답 리카도 모형에서는 생산가능곡선이 직선이고, 헥셔-오린 모형에서는 생산가능곡선이 볼록하다. 헥셔-오린 모형과 리카도 모형 모두 규모에 대한 보수 불변의 생산함수를 가정하고 있지만, 리카도 모형에서는 생산요소가 하나여서 기회비용이 일정하게 되는 반면, 헥셔-오린 모형에서는 생산요소가 둘이어서 기회비용이 체증하게 된다.

02. 헥셔-오린 모형에서 무역의 이익을 교환의 이익과 특화의 이익으로 구분하여 설명하라.

답 교환의 이익은 무역 이후 수입재 가격의 하락과 같은 가격의 변화에 의해 소비자가 얻는 이익을 말하고, 특화의 이익은 무역 이후 비교우위재 생산 증가와 같이 자원이 효율적으로 배분되어 얻는 이익을 말한다. [그림 4-9]는 이러한 내용을 그림으로 설명하고 있다고 보면 된다.

03. 국제시장가격의 변화가 무역의 이익에 미치는 영향을 설명하라.

📋 무역의 이익이 얼마나 클 것인가는 국제시장가격에 의해 결정된다. 어느 나라든지 수출재 가격이 높을수록 무역의 이익은 커진다. 즉, 그 나라의 교역조건이 개선될수록 후생수준은 증가하게 된다. 만일 국제시장가격이 자국의 폐쇄경제가격과 같다면, 무역을 할 필요가 없고 무역의 이익도 없다.

04. 오퍼곡선이 무엇인지 설명하고, 이를 이용해 무역균형과 균형 국제시장가격에 대해 설명하라.

📋 오퍼곡선(offer curve)은 상대가격의 변화에 따른 수출량과 수입량의 변화를 나타내는 곡선이다. 즉, 주어진 상대가격에서 얼마만큼을 수출하고 얼마만큼을 수입하고자 하는가의 의사를 나타내는 곡선이다. 수출량과 수입량에 대한 두 나라의 의사가 일치하는 상태가 무역균형이고, 이때의 상대가격이 균형국제가격이다. 무역균형은 두 국가의 오퍼곡선이 만나는 점이고, 이 점과 원점을 연결하는 선의 기울기가 균형국제가격이다.

05. 레온티에프 역설이란 무엇이며, 이러한 역설이 발생하는 원인은 무엇인가?

📋 제2차 세계대전 직후, 미국은 어떤 나라보다도 자본이 풍부한 나라였다. 따라서 헥셔-오린 정리에 따르면, 미국은 자본집약재를 수출하고 노동집약재를 수입할 것으로 예측되었다. 그러나 레온티에프(Leontief)가 실제로 발견한 것은 정반대였다. 이 결과가 헥셔-오린 정리와 모순된다는 점에서 이를 '레온티에프 역설(Leontief paradox)'이라 부른다.

이러한 역설적 결과가 나타난 원인을 다음과 같이 설명한다. 첫째, 미국은 혁신적인 기술을 바탕으로 한 신제품을 수출하는데, 이들 제품은 대량 생산이 되지 않아 자본집약도가 높지 않기 때문에 노동집약적인 제품을 수출하는 것처럼 분석될 수 있다. 둘째, 레온티에프의 분석에서는 미국이 많이 수입하는 천연자원을 자본집약재로 분류했기 때문이다. 셋째, 노동력을 단순노동과 인적자본으로 구분하지 않았기 때문이다. 노동력을 단순노동과 인적자본으로 구분하면, 미국이 노동집약재가 아닌 인적자본집약재를 주로 수출하였음이 확인된다. 이 외에 역설적 결과를 설명하는 견해로는 재화에 대한 선호도가 국가마다 차이가 있다거나 요소집약도의 역전이 있기 때문이라고 한다.

연습문제

01. 한국은 자본풍부국, 중국은 노동풍부국이며, 양국의 기술수준과 선호체계는 동일하다고 하자. 의류는 노동집약재, 자동차는 자본집약재이다.

1) 한국과 중국의 생산가능곡선을 그려라(의류를 X축, 자동차를 Y축으로 함). 두 국가의 생산가능곡선의 형태가 서로 다른 이유는 무엇인가?

2) 사회무차별곡선과 1)번의 생산가능곡선을 이용해 폐쇄경제의 상대가격을 찾고, 이를 비교하여 한국과 중국이 각각 어떤 재화에 비교우위가 있는지 설명하라.

3) 왜 무역 이후 국제시장가격은 2)번에서 구한 양국의 폐쇄경제의 균형가격 사이에서 결정되는가?

4) 개방경제의 생산점, 소비점, 수출입량, 국제시장가격을 나타내는 그림을 그려라.

5) 양국의 선호체계가 서로 다르면 헥셔-오린 정리가 성립하지 않을 수 있음을 보여라.

   a) 한국과 중국의 선호체계가 서로 달라서 비교우위가 2)의 결과와 반대가 되는 경우

   b) 한국과 중국의 요소부존도가 동일하지만 선호체계가 달라서 무역이 성립하는 경우

답 1) 중국은 노동이 풍부하여 노동집약재인 의류의 생산이 상대적으로 많고, 한국은 자본이 풍부하여 자본집약재인 자동차의 생산량이 상대적으로 많다(본문의 [그림 4-7]에서 A국이 중국, B국이 한국이라고 생각하면 된다). 두 국가의 요소부존도의 차이가 생산가능곡선의 차이를 만들어낸다.

  2) 두 국가의 사회무차별곡선이 서로 같다고 가정하면, [그림 4-7]의 상대가격에서 보듯이 의류의 상대가격이 중국에서 더 낮다. 따라서 중국은 의류, 한국은 자동차에 비교우위를 갖는다.

  3) 만일 양국의 폐쇄경제 사이 가격을 벗어나면 두 국가 모두 의류를 수출하거나, 아니면 자동차를 수출하고자 하므로 무역이 성립하지 않게 된다.

  4) (본문의 [그림 4-8]에서) 생산점 B, 소비점 C, 수출량 EB, 수입량 EC

  5) a) [그림 4-7]에서 중국(A국)의 폐쇄경제균형점이 A보다 우측, 즉 p가 더 커지고, 한국(B국)의 폐쇄경제균형점이 A^*의 좌측, 즉 P^*가 더 완만해지는 형태가 되도록 무차별곡선을 변형시키면 된다.

b) 동일한 생산가능곡선에서 사회무차별곡선이 서로 다르면 폐쇄경제의 균형가격이 서로 달라지므로 두 나라는 무역을 하게 된다.

02. A국이 노동풍부국, B국이 자본풍부국이고, X재는 노동집약재, Y재는 자본집약재라고 하자.

1) 무역 이전 양국의 임금−임대료 비율은 동일한가?
2) 무역 이전 X재(또는 Y재) 생산에서 요소집약도(자본−노동비)는 양국간에 동일한가?
3) 무역 이후 A국의 임금−임대료 비율이 상승한다면, A국의 X재 생산과 Y재 생산에서 요소집약도(자본−노동비)는 어떻게 변해갈까?
4) 임금−임대료 비율이 변해도 여전히 X재는 Y재보다 노동집약적일까?

📑 1) 그렇지 않다. 노동풍부국에서 임금−임대료 비율이 더 낮다.
2) 그렇지 않다. 두 국가의 임금−임대료 비율이 다르기 때문에 요소집약도도 서로 다르다. 노동풍부국에서 임금−임대료 비율이 더 낮기 때문에 이 나라는 노동을 더 많이 사용하고자 하므로 자본−노동비가 더 낮아진다.
3) 임금−임대료비율이 상승하면, 노동을 적게 사용하고 자본을 많이 사용하고자 하므로 X재와 Y재 모두 생산방식이 자본집약적으로 바뀐다.
4) 강한 요소집약도 가정에서는 임금−임대료 비율이 변해도 항상 X재는 Y재보다 노동집약적으로 생산된다.

03. 리카도 모형과 헥셔−오린 모형에 관한 다음 물음에 답하라.

1) 리카도 모형에서는 기회비용이 불변인데, 헥셔−오린 모형에서는 기회비용이 체증함을 보여라.
2) 두 모형 모두 규모에 대한 보수 불변을 가정하고 있는데, 생산가능곡선이 두 모형에서 서로 다르게 나타나는 이유는?
3) 헥셔−오린 모형에서 양국의 선호체계가 같다고 가정하는 이유는?
4) 리카도 모형에서도 양국의 선호체계가 같다는 가정이 필요한가?

📑 1) 리카도 모형은 생산가능곡선이 직선이므로 기회비용이 불변이고, 헥셔−오린 모형은 생산가능곡선이 볼록하므로 기회비용이 체증한다.
2) 리카도 모형과 같이 생산요소가 하나인 경우에는 생산함수가 규모에 대한 보수불변일 때, 한 재화의 생산 증가를 위해 다른 재화의 생산 감소가 일정하게 이루어지므로 생산가능곡선이 직선이 된다. 그런데 생산요소가 둘인 헥셔−오린 모형에서는 규모에 대한 보수불변이지만 각 생산요소의 한계생

산성이 체감하므로 한 재화의 생산 증가를 위해서는 다른 재화의 생산 감소가 점점 더 많아진다. 따라서 기회비용이 체증하고, 생산가능곡선이 볼록한 형태를 갖는다.

3) 볼록한 생산가능곡선에서는 사회후생함수의 형태에 따라 상대가격이 바뀐다. 따라서 생산가능곡선의 형태, 즉 그 국가의 요소부존도에 의해 상대가격이 결정되기 위해서는 양국의 후생함수, 즉 사회무차별곡선의 형태가 같다는 가정이 필요하다. 만일 이 가정이 없으면 노동풍부국에서 노동집약재의 가격이 상대국보다 더 비싸질 수도 있다. 이 경우에는 요소부존도에 의해 비교우위가 결정된다는 헥셔-오린 정리가 성립하지 않게 된다.

4) 리카도 모형에서는 생산가능곡선이 직선이므로 사회무차별곡선이 형태를 달리하더라도 상대가격이 변하지 않는다. 그러므로 선호체계에 대한 가정은 필요 없다. 리카도 모형에서 재화의 가격은 수요조건과 관계없이 노동투입량(노동생산성)에 의해서 결정된다.

04. 에즈워즈상자에 대한 다음 물음에 답하라.

1) 에즈워즈상자 내 임의의 한 점을 찍고, 이 점에서 두 재화의 생산량을 나타내는 등량곡선을 그려라.

2) 이 점에서 경제 전체의 부존량, 즉 노동과 자본이 완전고용되고 있음을 확인하라.

3) 임의의 점보다 계약곡선상의 점에서 생산량이 극대가 됨을 보여라.

🖹 [그림 4-A1]을 이용해 답을 해보자.

1) 임의의 한 점을 C점이라고 할 때, X재의 등량곡선은 X_C, Y재의 등량곡선은 Y_C다.

2) X재 생산에 고용된 노동량은 선분 O_XL_X이고, Y재 생산에 고용된 노동량은 선분 O_YL_Y이므로 이 둘을 합하면, 전체 노동량을 나타내는 선분 O_XL이 된다. 마찬가지로 X재 생산에 사용된 자본량은 O_XK_X이고, Y재 생산에 사용된 자본량은 O_YK_Y이므로, 이 둘을 합하면 전체 자본량을 나타내는 O_XK가 된다.

3) 그림에서 A점이 계약곡선에 해당하는 점이다. A점에서는 C점에서보다 X재와 Y재의 생산량이 모두 더 많다.

05. "노동, 자본, 자원 등 모든 면에서 열악한 가난한 나라들은 수출할 상품이 없다. 그래서 이 국가들은 자유무역으로부터 이익을 얻을 수 없다." 이러한 주장에 대

해 논평하라.

🔖 무역은 절대우위가 아니라 비교우위에 의해 결정된다. 아무리 자원이 없는 나라라고 하더라도 '상대적'으로 풍부한 요소가 있고, 이 요소를 집약적으로 사용하는 재화에 비교우위를 갖는다. 그리고 비교우위재를 수출할 수 있고, 무역으로부터 반드시 이익을 얻는다.

06. 국가간 실제무역량은 요소부존도 차이에 의해 예측된 무역량보다 훨씬 적다. 이를 '사라진 무역(missing trade)'이라고 한다. 실제무역량이 예측무역량보다 더 적어지는 이유는 무엇인가?

🔖 헥셔–오린 정리의 가정과는 달리 국가마다 기술수준이 다르고, 또 국가마다 소비패턴이 다르다. 이러한 국가 간 기술 차이와 국내편향성 차이 때문에 '사라진 무역' 현상이 나타난다. 예를 들어, 자본풍부국 노동자의 노동생산성이 다른 나라보다 더 높은 경우 노동부존량에 비해 노동집약재 생산량이 많아지므로 노동집약재의 수입(import)이 예측보다 적어진다. 또 사람들이 외국 제품보다 자국 제품에 대한 소비성향이 더 높다면, 예측보다 수입이 적어진다. 이 적어진 양이 사라진 무역의 의미다.

05 자유무역, 소득분배와 후생

복습문제

01. 재화가격, 요소가격, 그리고 요소집약도 사이의 상호관계에 대해 설명하라.

📖 재화 가격은 생산비에 의해 영향을 받으므로 요소가격이 변하면 재화 가격이 변하고, 또 재화가격이 변하면 요소가격이 변하게 된다. 만일 임금이 올라가면 노동집약재 가격이 더 많이 올라가고, 반대로 임대료가 올라가면 자본집약재의 가격이 더 많이 올라간다. 그리고 노동집약재 가격이 올라가면 임금이 더 많이 올라가고, 자본집약재의 가격이 올라가면 임대료가 더 많이 올라간다. 이처럼 재화가격과 요소가격 간에는 일대일 대응관계가 있다.

그리고 요소가격과 요소집약도 간에도 일대일의 대응관계가 있다. 만일 임금–임대료 비가 상승하면 노동을 적게 사용하고 자본을 더 많이 사용하므로 자본집약도가 올라가고, 반대로 임금–임대료 비가 하락하면 노동을 더 많이 사용하고 자본을 더 적게 사용하므로 노동집약도가 올라간다.

02. 스톨퍼–새뮤얼슨 정리란 무엇인가? 이 정리에 따르면, 노동풍부국에서 자유무역을 하면 노동과 자본의 실질보수는 어떻게 변하게 되는가?

📖 스톨퍼–새뮤얼슨(Stolper-Samuelson) 정리는 한 재화의 가격이 상승하면 이 재화 생산에 집약적으로 사용되는 요소의 실질보수는 상승하고 다른 요소의 실질보수는 하락한다는 정리다. 이 정리는 재화가격 변화가 요소가격에 미치

는 영향을 설명해준다.

　　노동풍부국은 노동집약재에 비교우위가 있기 때문에, 무역을 하면 노동집약재의 가격이 올라가게 된다. 노동집약재의 가격이 상승하므로 임금-임대료비가 상승하게 되고, 이는 생산방식을 자본집약적으로 바꾸게 된다. 생산방식이 자본집약적으로 바뀌면, 노동의 한계생산성은 올라가고 자본의 한계생산성은 하락한다. 따라서 노동의 실질보수는 올라가고 자본의 실질보수는 하락하게 된다.

　　정리하면, 무역 이후 노동풍부국에서는 노동집약재의 가격이 상승하므로 실질임금은 상승하고, 자본의 실질보수는 하락하게 된다.

03. 요소 가격 균등화 정리를 설명하고, 실제로 국가 간에 요소 가격이 동일해지지 않는 이유를 설명하라.

📑 요소가격균등화 정리는 두 나라가 자유무역을 하면 요소의 상대가격만이 아니라 절대가격까지 서로 같아진다는 정리이다. 무역을 하면 두 나라의 재화가격이 같아지므로 임금-임대료 비율도 두 나라에서 서로 같아지게 된다. 두 나라의 생산함수가 서로 같다고 가정하고 있으므로, 임금-임대료 비율이 서로 같으면 요소집약도도 같아진다. 요소집약도가 같다면 요소의 한계생산성이 서로 같아지므로 두 나라 간의 임금과 임대료가 서로 같아진다.

　　요소가격균등화 정리는 재화의 국가 간 이동이 요소의 이동을 대체함을 뜻한다. 노동풍부국에서 노동집약재를 수출하고 자본집약재를 수입하는 것은 풍부한 노동을 내보내고 희소한 자본을 들여오는 효과가 있다는 것이다. 이와 같이 무역을 하면 풍부요소는 줄어들고 희소요소는 풍부해지는 효과가 있어서 국가 간 요소가격이 같아진다는 것이 요소가격균등화 정리의 의미이다.

　　그런데 요소가격균등화 정리의 예측과 달리 국가 간에 임금 차이가 있다. 그 원인은 헥셔-오린 모형의 가정과는 달리, 국가마다 노동의 질(*quality*)에 차이가 있고, 생산함수도 같지 않고, 서로 교역하는 재화가 다르고, 무역장벽이 있어 국가 간에 재화가격이 같아지지 않기 때문이다.

　　요소가격균등화 정리는 국가 간에 노동 이동이 제한되어 있더라도 무역을 하면 국가 간에 임금 차이가 줄어든다는 것을 설명해주고 있다. 국가마다 노동생산성에 차이가 있기 때문에 이로 인한 임금 차이는 불가피하지만, 자유무역은 이런 임금 차이를 줄이는 역할을 한다는 것이다.

04. 립진스키 정리가 무엇인지 설명하고, 어떤 국가에서 자본축적이 발생할 경우, 재화의 생산량이 어떻게 변하는지 서술하라. 이 결과는 소국과 대국에서 동일한가?

🔖 립진스키 정리(Rybczynski Theorem)는 재화가격이 변하지 않는 상태에서 요소부존량의 변화가 재화 생산에 미치는 영향을 설명하는 이론이다. 이 정리에 따르면, 요소부존량이 증가하면, 이 요소를 집약적으로 사용하는 재화의 생산은 증가하고 다른 요소를 집약적으로 사용하는 재화의 생산은 감소한다. 이 정리는 재화가격이 변하지 않은 상태를 가정하고 있음을 유념해야 한다. 따라서 이 정리는 국제시장가격에 영향을 미치지 않는 소국에 적용되는 이론이다. 대국에서는 수요와 공급의 변화가 국제시장가격을 변화시키기 때문에 립진스키 정리를 적용할 수 없다.

05. 경제성장에도 불구하고 후생수준이 하락하는 경우가 있다. 이런 현상이 나타나는 이유는 무엇인가? 작은 나라에서도 이런 현상이 나타날 수 있는가?

🔖 대국의 수출재 부문에서 경제성장이 발생할 때, 수출재의 국제시장가격이 하락하게 되는데, 수출재 가격이 크게 하락하면 후생수준이 하락할 수 있다. 이를 바그와티(Bhagwati)는 궁핍화 성장이라고 한다.

이런 현상이 나타나는 이유는 다음과 같다. 첫째, 국제시장가격에 영향력을 미칠 만큼 시장점유율이 큰 대국에서 경제성장이 발생한 경우다. 둘째, 경제성장이 수출재 부문에서 이루어지는 경우다. 수입재 부문이 성장하면 수입재 가격이 하락하므로 교역조건이 개선되어 후생수준이 올라간다. 셋째, 수요가 비탄력적이어서 공급량 증가 시 가격이 크게 하락하는 경우이다. 가격 하락 정도가 크지 않으면, 수출재 가격 하락으로 인한 후생감소효과(가격효과)보다 생산증가에 의한 후생증가효과(소득효과)가 더 커서 교역조건 악화에도 불구하고 후생수준은 올라갈 수 있다. 교역조건이 크게 나빠지는 경우에만 궁핍화 성장이 나타난다.

이런 궁핍화성장은 국제시장가격에 영향을 미치는 대국에서 나타난다. 작은 나라에서는 경제성장으로 인한 생산량 증가가 국제시장가격에 영향을 미치지 못하기 때문에 궁핍화 성장이 나타나지 않는다.

연습문제

01. 국가간 무역은 재화의 가격만이 아니라 요소의 가격도 균등화시킨다고 한다. 그러나 현실적으로 국가간 요소가격이 동일하지가 않다. 그 이유는 무엇인가?

📑 국가간에 노동의 질이 서로 같지 않고, 생산함수가 서로 같지 않고, 요소부존도의 차이가 커서 서로 동일한 재화를 생산하지 않고, 무역장벽으로 인해 재화가격이 서로 같지 않기 때문이다.

02. 생산요소의 지역간 이동이 자유로운 한국 내에서도 지역간 임금수준이 동일하지 않다. 그 이유는 무엇인가? 국가 내 지역간 임금수준이 동일하지 않은 이유와 국가간 임금수준이 동일하지 않은 이유가 서로 같은가?

📑 노동이 지역 간에 자유롭게 이동할 수 있다면, 지역 간에 임금 차이가 나지 않을 것이다. 그러나 지역마다 생활비 차이가 있거나 노동의 질이 서로 다르다면, 임금 차이가 발생하게 된다. 그리고 국가 간에는 현실적으로 노동의 자유로운 이동이 허용되지 않기 때문에 노동의 질이 같은 경우에도 임금 차이가 발생한다. 그래서 노동 이동이 자유로운 국가 내의 지역 간 임금 차이보다는 노동 이동에 제약이 있는 국가 간의 임금 차이가 훨씬 더 크다.

03. 립진스키 정리에 의하면 자본량의 증가는 자본집약재의 생산량을 증가시키고, 노동집약재의 생산량을 감소시킨다. 왜 특정 요소부존량의 증가가 한 재화의 생산만을 증가시키는지를 설명하라.

📑 립진스키 정리는 재화가격이 일정함을 가정하고 있기 때문에, 요소부존량이 변해도 요소집약도는 일정하게 유지되어야 한다. 예를 들어, 증가한 자본량이 두 재화 생산 모두에 배분되면(즉, 두 재화의 생산이 모두 증가하면), 두 부문 모두에서 자본량이 증가하기 때문에 요소집약도가 자본집약적으로 변하게 된다. 이는 요소집약도가 변하지 않아야 한다는 이론에 모순된다.

자본부존량이 증가했음에도 불구하고 재화의 요소집약도를 일정하게 유지할 수 있는 유일한 방법은 증가한 자본량을 모두 자본집약재에 배분하고, 이럴 경우 이 재화의 자본집약도가 상승하기 때문에 이를 다시 기존 수준으로 되돌리기 위해 자본집약도가 낮은 노동집약재에서 노동과 자본을 가져와야 한다. 그 결과 자본집약재 생산은 증가하고, 노동집약재 생산은 감소하게 된다. [그림 5-6]에서 이를 쉽게 확인할 수 있다.

04. 1960년대 이후 한국의 생산구조 변화를 살펴보면, 노동집약적인 섬유산업의 생산량은 상대적으로 감소하고, 반면에 자본집약적이고 기술집약적인 자동차 산업의 생산량은 증가하였다. 이러한 변화가 발생한 이유를 설명하라. 또 섬유와 자동차 생산에서 요소집약도는 과거와 비교해 변화가 있을까?

> 🗊 먼저 한국은 노동에 비해 자본이 더 빠르게 증가하였다. 이러한 자본 축적으로 립진스키 정리에 따라 자본집약적인 재화의 생산이 증가하고 노동집약적인 재화의 생산이 상대적으로 감소하였다. 다음으로 한국은 과거 1960-80년대 주로 노동집약재를 수출하였다. 그 결과 스톨퍼-새뮤엘슨 정리에서 알 수 있듯이 임대료에 비해 임금이 상승하였다. 임금 상승은 모든 재화의 생산방법을 자본집약적으로 바꾸었다.

05. 한국의 임금 수준은 미국이나 일본의 임금 수준에 비해 보다 빠른 속도로 증가해 왔다. 이를 이론적으로 설명하라.

> 🗊 한국은 60년대 이후 노동집약재의 수출을 확대하여 왔다. 그런데 당시 한국은 미국이나 일본에 비해 노동풍부국이라고 할 수 있으므로 풍부요소인 노동의 실질보수는 증가하고 자본의 실질보수는 하락하였다고 설명할 수 있다. 이는 스톨퍼-새뮤엘슨 정리로 설명된다.

06. 노동집약재의 가격이 올라가면 임금은 이 재화의 가격보다 더 높게 상승한다. 그이유는 무엇인가?

> 🗊 노동집약재의 가격이 상승하면 임금-임대료 비율이 상승하여 재화의 생산방법이 자본집약적으로 바뀐다. 생산방법이 자본집약적으로 바뀜에 따라 노동의 한계생산성이 증가한다. 임금은 재화 가격과 노동의 한계생산성의 곱인데, 노동의 한계생산성이 증가하였기 때문에 임금은 재화가격보다 더 높게 올라간다(스톨퍼-새뮤엘슨 정리를 생각하라). 이를 확대효과라고 한다.

07. 다음 물음에 답하라.
1) 생산가능곡선의 탄력성에 따라 무역이 생산특화에 미치는 영향이 달라짐을 그림으로 설명하라.
2) 임금-임대료 비율이 올라가면 생산 방법이 자본집약적으로 바뀜을 그림으로 설명하라.

> 🗊 1) 첫째, 생산요소의 부문간 이동이 없거나 생산함수가 고정계수인 경우, 생산

가능곡선은 완전 비탄력적인 직각의 형태가 된다. 이 경우에는 가격의 변화에도 생산량은 변하지 않지만, 교환의 이익으로 후생수준은 증가한다. 둘째, 리카도 모형과 같이 생산가능곡선이 직선으로 완전탄력적인 경우에는 가격이 변하면 한 재화에 완전특화가 발생하고, 후생수준이 증가한다. 셋째, 볼록한 생산가능곡선에서는 무역 이후 부분특화가 발생하고, 후생수준은 증가한다. 이와 같이 무역 이후 비교우위재로의 생산특화 정도는 부문간 요소의 이동성이 얼마나 높은가, 각 재화의 생산함수가 어떤 특성을 갖는가에 의해 결정되지만, 어느 경우든지 모두 후생수준이 증가한다.

2) 유연한 등량곡선을 그리고, 임금-임대료 비율이 상승하면 비용최소화를 달성하는 자본집약도가 상승함을 확인하라. [그림 4-2]를 참고할 것.

08. 경제가 성장하였는데도 후생이 감소할 수 있음을 설명하라. 또 이론적으로 후생 감소가 나타날 수 있지만, 현실적으로는 이런 가능성이 거의 없음을 설명하라.

🈂 수출재 부문의 성장으로 수출재 가격이 하락하면 교역조건이 악화된다. 그 결과 후생수준이 감소할 수 있지만, 이는 이 나라의 세계시장 점유율이 매우 크고, 또 이 재화의 가격탄력성이 매우 낮은 경우에만 나타난다. 이런 두 가지 조건이 충족되는 경우는 흔하지 않다. 또 수출재 부문의 성장으로 인한 소득증가효과가 교역조건 악화효과보다 크면, 교역조건이 악화되더라도 후생수준은 높아진다. 그리고 수입재 부문에서 성장이 발생하면 교역조건이 개선되므로 무조건 후생수준이 증가한다.

09. 자본풍부국에서 다음의 변화가 교역조건과 후생에 미치는 효과를 설명하라. 이 나라는 대국이다.
1) 자본량 증가
2) 노동량 증가
3) 수출재 부문의 기술진보
4) 수입재 부문의 기술진보

🈂 1) 교역조건 악화, 자본풍부국은 자본집약재가 수출재인데, 자본량이 증가하면 수출재의 생산이 증가하므로 수출재 가격이 하락하여 교역조건이 악화된다.

2) 교역조건 개선, 노동량이 증가하면 수입재의 생산이 증가하므로 수입재 가격이 하락하여 교역조건이 개선된다.

3) 교역조건 악화, 수출재의 생산이 증가하므로 수출재 가격이 하락하여 교역

조건이 악화된다.

4) 교역조건 개선. 수입재의 생산이 증가하므로 수입재 가격이 하락하여 교역 조건이 개선된다.

후생변화: 교역조건이 개선되면 후생수준은 증가하지만, 교역조건이 악화되면 후생수준이 감소할 수 있다. 그러나 교역조건이 악화되는 경우도 경제성장의 소득효과가 교역조건 악화로 인한 후생감소 효과보다 크면 후생수준은 증가한다.

10. 1950년대에 한국은 미국으로부터 트랜지스터라디오(transistor radio) 등 가전제품을 수입하였으나, 1970년대에 와서는 이들 제품을 미국으로 수출하게 되었다. 이를 이론적으로 설명하라.

📋 제품수명주기설로 설명할 수 있다. 처음에는 트랜지스터 기술을 개발한 미국이 수출국이 되지만, 상품이 표준화되고 대량생산이 이루어지면 임금 등 생산비가 낮은 후진국이 이 제품을 수출하게 된다.

11. 의류는 노동집약재이고 반도체는 자본집약재이다. 이 두 재화만을 생산한다고 하자. 의류를 수입하고, 반도체를 수출하는 나라에서 반도체의 가격이 하락하면 임금과 임대료에 어떤 영향을 미치는가? 의류나 반도체 생산에서 노동과 자본의 결합 비율은 바뀌는가?

📋 자본집약재 가격이 하락하므로 스톨퍼-새뮤얼슨 정리에 의해 실질임대료는 하락하고, 실질임금은 올라간다. 그리고 임금/임대료 비율이 상승하므로 기업은 노동을 적게 쓰고 자본을 더 많이 쓰는 생산방법을 채택한다. 그러므로 모든 재화 생산에서 자본/노동 비율이 올라간다.

12. 최근 한국으로 중국, 동남아시아에서 많은 노동자들이 유입되고 있다. 이러한 노동자의 유입으로 한국의 자본집약재 생산량에 변화가 발생할까?

📋 립진스키 정리에 의하면, 노동부존량이 증가하면 노동집약재의 생산은 증가하고 자본집약재의 생산은 감소한다. 이는 국제시장가격이 변하지 않는 소국에서의 결론이고, 만일 국제시장가격이 바뀐다면 앞의 결론이 유지될 수 없다.

현실적으로는 한국으로 들어오는 외국인 노동자가 노동집약재의 생산 증가에는 기여하겠지만, 그 규모가 한국 전체 노동량에 비해 크지 않기 때문에 자본집약재의 생산 위축을 가져오는 정도는 아니라고 생각된다.

13. 저소득층과 고소득층 중에서 자유무역으로 더 이익을 얻는 그룹은 누구인가?

📋 자유무역을 하면 수입재 가격이 하락하기 때문에 전반적으로 소비자 물가가 하락한다. 고소득층은 소득의 일부를 소비함에 비해, 저소득층은 소득의 대부분을 소비하므로 소비자 물가의 하락은 저소득층에게 더 많은 이익을 줄 것이다.

06 특정요소 모형과 해외아웃소싱

복습문제

01. 특정요소 모형에서 생산가능곡선의 한계전환율이 두 재화의 한계노동생산성에 의해 결정됨을 설명하라.

> 📋 특정요소모형에서 노동 한 단위를 Y재 생산에서 X재 생산으로 이동하면, Y재 생산량은 노동의 한계생산성인 MPL_Y만큼 감소하고, 대신 X재 생산량은 노동의 한계생산성인 MPL_X만큼 증가한다. 노동 한 단위 이동으로 Y재 감소분은 $dY=MPL_Y$이고, X재 증가분은 $dX=MPL_X$이므로, 한계전환율(MRT_{XY})은 다음과 같이 한계노동생산성으로 표현된다.

$$MRT_{XY} = -\frac{dY}{dX} = \frac{MPL_Y}{MPL_X}$$

02. 특정요소 모형에서 재화가격의 변화가 노동의 배분 및 생산의 변화를 가져오는 과정을 설명하라.

> 📋 만일 X재 가격이 올라가면 X재에서 노동에 대한 수요가 증가하므로 X재의 노동량이 증가하고, Y재의 노동량은 감소한다. 특정요소인 자본과 토지는 일정하므로 노동량이 증가한 X재 생산량은 증가하고, 노동량이 감소한 Y재 생산량은 감소한다. 이는 [그림 6-5]로부터 확인할 수 있다.

03. 특정요소 모형에서 재화 가격의 변화는 요소의 실질보수에 어떤 영향을 미치는가?

📋 X재 가격이 상승했다고 하자. X재 가격이 올라가면, 노동이 X재 부문으로 이동한다. 그런데 특정요소인 자본량과 토지량은 변하지 않으므로 노동이 유입된 X재 부문에서는 노동의 한계생산성 MPL_X가 감소하고, 노동이 유출된 Y재 부문에서 노동의 한계생산성 MPL_Y는 증가한다. 임금결정 방정식은 다음과 같다.

$$w = P_X \cdot MPL_X = P_Y \cdot MPL_Y$$

이 식에서 P_X는 올라갔으나 MPL_X는 하락했으므로 X재 부문의 임금 변화는 모호하다. 그러나 P_Y는 불변인데 MPL_Y는 상승했으므로 Y재 부문의 임금은 명백히 상승한다. 두 부문의 임금이 항상 같으므로 Y재 부문 임금 상승은 양 부문 모두에서 명목임금이 상승함을 뜻한다.

다음으로 자본과 토지의 보수가 어떻게 변하는지 알아보자. X재 가격 상승으로 X재 부문에서는 노동이 증가하므로 자본의 한계생산성이 올라가고, Y재 부문에서는 노동이 감소하므로 토지의 한계생산성이 하락한다. 아래 식에서 볼 수 있듯이, 자본의 보수 r_K는 P_X가 올라가고 MPK_X도 상승하므로 올라가고, 또 r_K의 상승폭은 P_X 상승폭보다 더 크다. 반면에 토지의 보수 r_T는 P_Y는 불변이고 MPT_Y는 하락하므로 내려간다.

$$r_K = P_X \cdot MPK_X$$
$$r_T = P_Y \cdot MPT_Y$$

이상에서 설명한 요소가격의 변화를 요약하면 다음과 같다.

$$\widehat{r_T} \; < \; 0 \; = \; \widehat{P_Y} \; < \; \widehat{w} \; < \; \widehat{P_X} \; < \; \widehat{r_K}$$

$\;\;\;\;$(−5%)$\;\;\;\;\;\;\;\;$(0%)$\;\;\;\;\;$(5%)$\;\;\;\;$(10%)$\;\;\;\;$(15%)

실질보수는 명목보수를 재화가격으로 나눈 값이다. 따라서 X재로 측정한 실질임금은 하락하고, Y재로 측정한 실질임금은 상승한다. 그러므로 노동자들의 실질보수가 상승하는가 아니면 하락하는가에 대해서는 명확하게 말할 수 없다.

이에 비해 자본의 명목보수는 X재나 Y재의 가격보다 더 많이 상승하므로 자본의 실질 보수는 반드시 상승하고, 반대로 토지의 명목보수 상승률은 X재나 Y재의 가격 상승률보다 더 낮기 때문에 토지의 실질보수는 반드시 하락한다. 이는 가격이 상승한 산업의 특정요소는 이익을 얻고, 다른 산업의 특정요소는 반드시 손해를 보게 됨을 말해준다.

04. 글로벌 가치사슬의 개념과 부가가치 기준 무역의 개념에 대해 설명하라.

> 글로벌 가치사슬(Global Value Chain)이란 상품과 서비스의 부가가치 형성 과정, 즉 기획, 생산, 유통, 판매 등의 과정이 여러 나라에 걸쳐 분업을 통해 이루어지는 것을 말한다. 이는 두 국가 또는 그 이상의 국가들 사이에 복잡한 형태로 이루어진다. 이 과정에서 각 국가나 기업은 경쟁력이 있는 부분을 맡아 생산하게 된다. 아웃소싱은 글로벌 가치사슬의 한 형태로 볼 수 있다.
>
> 부가가치 기준 무역(Trade in Value-Added)은 수출입을 통해 창출되는 부가가치의 이출입을 말한다. 수출로 자국의 부가가치가 창출되는 것을 부가가치의 이입(VA-in; 수출과 대응되는 개념)이라고 하고, 수입으로 타국의 부가가치가 창출되는 것을 부가가치의 이출(VA-out; 수입과 대응되는 개념)이라고 한다. 실제 무역에서는 중간재 무역이 중복 계산되기 때문에 실제 무역액은 부가가치 무역보다 많아진다. 어떤 재화가 여러 나라에 연결된 가치사슬에 의해 생산될수록 실제무역과 부가가치 무역의 차이는 더 커진다.

05. 해외 아웃소싱은 두 나라의 임금에 어떤 영향을 미치는가?

> 해외아웃소싱이 이루어지면, 가치사슬의 중간 영역에 위치한 생산활동이 해외로 이전된다. 이로 인해 선진국에서는 상대적으로 비숙련노동집약적인 영역이 줄어들므로 숙련노동에 대한 상대적 수요가 증가하고, 개도국에서는 상대적으로 숙련노동집약적인 재화의 생산이 증가하게 되므로 숙련노동에 대한 상대적 수요가 증가한다. 이처럼 두 국가 모두에서 숙련노동에 대한 상대적 수요가 증가하므로 양국 모두에서 숙련노동의 상대적 임금이 상승한다.
>
> 헥셔-오린 모형은 요소가격 균등화 정리에서 보듯이 무역을 하면 두 나라의 임금이 서로 수렴해 간다고 설명한다. 그런데 해외아웃소싱에서는 양국 모두에서 숙련노동의 임금이 더 상승하므로 두 나라의 임금이 서로 수렴하지 않는다. 오히려 두 나라 모두에서 숙련노동과 비숙련노동의 임금 격차가 더 커지게 된다. 이처럼 해외아웃소싱이 숙련노동과 비숙련노동의 임금에 미치는 영향은 헥셔-오린 모형의 결과와는 차이가 있다.

06. 해외아웃소싱의 이익에 대해 설명하라.

📋 해외아웃소싱을 하면 최종재 생산이 증가한다. 최종재 생산이 증가한다는 것은 생산비 하락을 의미한다. 생산비가 하락하면 최종재 가격도 하락하게 되므로 궁극적으로 소비자들도 이득을 얻게 된다. 이처럼 해외아웃소싱은 기업에게 이득을 줄 뿐만이 아니라 소비자에게도 이익을 준다.

해외아웃소싱모형에서도 교역조건의 변화가 무역의 이익에 영향을 미친다. 수입재인 단순부품 가격이 하락하면, 이 국가의 교역조건은 개선되고, 무역의 이익은 커진다. [그림 6-14]으로부터 이를 확인할 수 있다.

해외아웃소싱이 증가하면 양 국가 모두에서 숙련노동은 이득을 얻고, 비숙련노동은 손해를 보게 된다. 이처럼 해외아웃소싱으로 인해 일부 생산요소는 손해를 보게 된다. 하지만, 국가 전체적으로는 이득이 있고, 교역조건이 개선될수록 그 국가의 이득은 커진다.

📊 연습문제

01. 농산품(A)에는 토지(T), 공산품(M)에는 자본(K)이 특정요소로 이용되고 있고, 노동은 두 부문 모두에서 이용되고 있다. 무역을 시작하면, 자본이 상대적으로 풍부한 나라에 어떤 변화가 나타나는지 다음 물음에 답하라.

1) 무역 이후 공산품과 농산품 생산량에 어떤 변화가 있을까?
2) 무역 이후 노동, 자본, 토지의 명목보수 변화를 설명하라.
3) 무역 이후 노동, 자본, 토지의 실질보수 변화를 설명하라.
4) 자본의 보수는 공산품 가격보다 더 높게 올라간다. 그 이유는 무엇인가?

📋 1) 이 나라는 자본이 상대적으로 풍부한 나라이므로 자본을 특정요소로 사용하는 공산품에 비교우위가 있다. 따라서 공산품 생산은 증가하고, 농산품 생산은 감소한다.

2) 이 나라는 공산품에 비교우위가 있기 때문에 무역 이후 공산품의 가격이 상승한다. 공산품 가격이 상승하면 공산품 부문으로 노동이 유입되므로 자본의 한계생산성은 증가하고, 농업 부문에서는 노동이 유출되므로 토지의 한계생산성은 감소한다. 이로 인해 자본의 명목보수는 증가하고, 토지의 명목보수는 하락한다. 노동의 명목보수는 공산품 가격 상승폭보다는 적지만, 상

승하게 된다.

    3) 자본의 한계생산성은 증가하므로 자본의 실질보수는 상승하고, 토지의 한계생산성은 감소하므로 토지의 실질보수는 하락한다. 노동의 실질보수는 공산품으로 평가하면 하락하고, 농산품으로 평가하면 상승한다.

    4) 자본의 보수는 공산품 가격과 한계생산성의 곱으로 결정되는데, 자본의 한계생산성이 증가하므로 자본의 보수는 공산품 가격보다 더 많이 올라간다. 이를 확대효과라고 한다.

02. 개방정책에 대해 비교열위재인 수입대체재 산업에 종사하는 자본가들의 반대가 가장 크지만, 이 산업에 종사하는 노동자들도 수입개방을 반대하는 경우가 많다. 수입 개방시 노동자와 자본가의 보수가 반대방향으로 움직인다는 스톨퍼–새뮤얼슨 정리와는 달리 자본가와 노동자가 이해를 함께 하는 이유는 어디에 있는가?

   🗎 스톨퍼–새뮤엘슨 정리는 노동과 자본의 부문 간 이동이 자유로운 장기에서의 소득분배를 나타내고 있다. 그런데 단기적으로 노동과 자본의 이동이 불가능하다면, 개방 이후 수입대체재에 종사하는 자본가뿐만이 아니라 이동이 용이하지 않은 노동자도 실질소득이 감소하게 된다. 따라서 수입대체산업의 자본가와 노동자가 모두 수입개방에 반대하게 된다.

03. 무역을 시작하면 최단기에는 가격의 변화에도 불구하고 생산의 변화가 나타나지 않는다. 이 시점에서 무역의 이익은 있는가? 그리고 무역은 단기보다 장기적으로 이익이 확대된다고 한다. 그 이유는 무엇인가?

   🗎 최단기에는 부문 간에 요소의 이동이 없기 때문에 가격이 변하더라도 생산량에 변화가 나타나지 않는다. 무역의 이익은 교환의 이익과 특화의 이익으로 나눌 수 있는데, 무역 이후 생산에 변화가 없더라도 교환의 이익은 얻을 수 있다. 그런데 시간이 흐름에 따라 요소의 이동이 발생하면서 생산이 변하게 되면 특화의 이익이 나타나므로 점차 무역의 이익이 확대된다. [그림 6–8]을 참고할 것.

04. 농림부 보고에 의하면 전남지역의 농지가격은 어떤 지역보다도 낮고, 또 지가상승률도 가장 낮다고 한다. 전남의 농지가격과 지가상승률이 낮은 것은 일부 농산물 수입개방의 영향 때문이라고 할 수 있다. 이를 특정요소모형으로 설명하라.

   🗎 농지는 농산품 생산에 이용되는 특정요소이다. 수입개방으로 농산물 가격이

하락하면 농산물 생산에 특정요소로 이용되는 농지의 가격이 하락한다. 전남은 전국에서 농지의 비중이 가장 높은 지역이기 때문에 수입 개방으로 인한 지가 하락의 영향을 가장 많이 받는다고 할 수 있다.

05. X재에는 자본이, Y재에는 토지가 특정요소로 사용되는 경제에서 자본량의 증가가 생산량과 요소가격에 미치는 영향에 대한 다음 물음에 답하라.

1) 그림을 이용해 임금의 변화를 표시하라.

2) 자본의 보수와 토지의 보수는?

3) X재와 Y재의 생산량은?

📖 1) 자본을 특정요소로 이용하는 X재 부문에서 자본량이 증가하면 노동의 한계생산성이 증가하므로 X재의 노동의 한계생산물가치 곡선이 본문의 [그림 6-5]처럼 위로 이동한다. 따라서 명목임금이 상승한다. 여기서 재화가격의 변화는 없으므로 명목임금의 상승은 실질임금의 상승과 같다.

2) 1)의 그림에서 확인할 수 있듯이 Y재 부문에서는 노동이 감소하므로 토지의 한계생산성은 하락하여 토지의 실질보수가 하락한다. 그리고 X재 부문에서는 노동량이 증가하지만 이 증가분이 자본량 증가분보다는 적어서 자본의 한계생산성이 하락하고, 따라서 자본의 실질보수도 떨어진다.

3) X재 부문에서는 자본량도 증가하고 노동량도 증가하므로 생산량이 늘고, Y재 부문에서는 토지는 불변인데 노동량이 감소하므로 생산량이 준다.

06. 어떤 국가에서 자원이 새로 개발되면 임금이 올라가고 소비가 늘지만, 경제가 전반적으로 어려움을 겪게 되는 경우가 있다. 자원 개발에 따른 이득이 왜 경제에 어려움을 가져오는지를 특정요소모형을 이용해 설명하라.

📖 자원 개발을 위해 노동에 대한 수요가 증가하므로 임금이 올라간다. 이는 산업의 노동자 임금도 함께 상승시키기 때문에 수출재인 공산품 가격을 높여서 수출경쟁력을 떨어뜨린다. 즉 자원 개발이 전통적인 수출산업의 경쟁력을 떨어뜨리기 때문에 경제가 어려움을 겪을 수 있다. 이를 네덜란드 병이라고 한다.

07. 한국과 중국 간에는 해외아웃소싱이 활발하다. 여러 종류의 부품을 조립하여 최종재를 생산하는데, 고기술 부품은 한국에서 생산하고 저기술 부품은 중국에 아웃소싱 한다고 하자. 한–중 FTA가 체결되었다고 가정하고, 해외아웃소싱 모형을 이용해 다음 물음에 답하라.

07 규모의 경제, 불완전경쟁과 국제무역

 복습문제

01. 두 나라의 요소부존도에 차이가 없는 경우에도 무역이 발생할 수 있음을 설명하라.

> 🖹 각 제품들이 차별화되어 있고, 또 각 제품의 생산에 규모의 경제가 있다면, 국가마다 서로 다른 제품에 특화 생산하고 이를 서로 교환하면 가격 하락과 다양성 증가의 이익을 얻을 수 있다. 이처럼 같은 산업 내에서 수출과 수입이 동시에 이루어지는 무역을 산업내무역이라고 한다. 이에 비해 비교우위 무역에서는 수출산업과 수입산업이 서로 다른데, 이처럼 다른 산업의 제품을 서로 교환하는 무역을 산업간무역이라고 한다.

02. 산업내무역으로 얻게 되는 이익에 대해 서술하라.

> 🖹 산업내무역은 가격 하락과 다양성 증가의 이익을 준다. 무역을 하면, 시장규모가 확대되어 규모의 경제가 발생하므로 가격이 하락하고, 다른 나라의 제품을 소비할 수 있어서 선택의 폭이 넓어지므로 다양성 증가의 이익을 얻는다.

03. 무역 이후에 비효율적인 기업들은 시장에서 퇴출되고, 효율적인 기업들은 더 많은 이익을 얻게 됨을 설명하라.

🗨 산업내무역에서는 국내 기업들이 다른 국가의 기업들과 유사한 상품으로 서로 경쟁을 하게 되므로 비효율적인 기업은 퇴출되고, 효율적인 기업은 다른 국가에도 판매를 할 수 있으므로 이윤이 증가하게 된다. 무역 이후에는 비효율적인 기업들이 퇴출되므로 무역 이전에 비해 기업의 수가 감소하게 된다. 이는 [그림 7-6]을 이용해 설명할 수 있다.

04. 국가 간 요소부존도의 유사성 변화가 산업간무역과 산업내무역에 미치는 영향을 설명하라.

🗨 서로 유사한 국가 간에는 산업내무역의 비중이 높고, 서로 차이가 나는 국가 간에는 산업간무역의 비중이 높다. 그리고 차별화된 제품을 생산하는 산업에서는 산업내무역의 비중이 높고, 동질적 제품을 생산하는 산업에서는 산업간무역의 비중이 높다. 이는 [그림 7-8]을 이용해 설명할 수 있다.

05. 외부적 규모의 경제가 있는 제품의 경우, 더 낮은 비용으로 생산할 수 있는 국가가 이 제품을 수출하지 못하는 현상을 볼 수 있다. 그 이유는 무엇인가?

🗨 외부적 규모의 경제가 있는 특정 제품을 어떤 국가가 생산하여 세계 시장에 수출하고 있다면, 설령 다른 국가가 더 낮은 비용으로 이 제품을 생산할 수 있다고 하더라도 이 시장에 진입하기가 어렵다. 왜냐하면, 초기에는 외부적 규모의 경제를 확보할 수 없어서 초기 생산비용이 현재의 국제시장가격보다 높을 수 있기 때문이다.

　이처럼 외부적 규모의 경제가 있는 산업에서는 누가 먼저 해당 제품의 생산을 시작하여 규모의 경제를 확보하였는가가 중요하다. 이 나라가 수출시장을 점유하고 있을 것이다. 따라서 생산을 누가 먼저 시작하였는가와 같은 역사적 사실에 의해 이 상품의 수출국이 결정될 수 있다. 이는 [그림 7-11]을 이용해 설명할 수 있다.

연습문제

01. 다음 물음에 답하시오.

- 수요함수 : $Y = S \cdot [\frac{1}{n} - a(P - \overline{P})]$, $\quad 0 < a < 1$
- 비용함수 : $C = F + cY$

여기서 Y는 기업의 판매량, S는 산업전체 판매량, n은 기업의 수, P는 이 기업이 책정한 가격, $\overline{P}$는 산업 전체의 평균가격, a는 상수이다. C는 총비용, F는 고정비용, c는 한계비용이다. CC곡선과 PP곡선은 본문의 함수를 이용하라.

1) 이 기업이 자기 제품의 가격을 산업 평균가격보다 높게 책정하면 판매량은 어떻게 되는가?
2) 이 재화의 생산에 규모의 경제가 있음을 보여라.
3) 두 나라가 무역을 하면 왜 CC곡선의 기울기가 완만해지는가?
4) 무역으로 CC곡선이 이동하면 P와 n은 폐쇄경제와 비교하여 어떻게 변하는가?
5) 산업전체의 판매량(S)이 동일한 경우, 고정비용이 높아지면 제품의 가격과 산업전체의 제품 수가 어떻게 변하는가? 그림으로 설명하라.

📄 1) 수요함수를 보면, $P = \overline{P}$일 때 이 기업의 판매량은 S/n이 되므로 이는 전체 기업의 평균판매량이 되고, $P > \overline{P}$이면 평균판매량보다 적어짐을 알 수 있다.
2) 규모의 경제는 생산량이 증가함에 따라 평균비용이 감소함을 의미한다. 비용함수로부터 평균비용이 $AC(=C/Y) = F/Y + c$임을 알 수 있다. 이 식을 보면, Y가 커질수록 평균비용이 감소하므로 규모의 경제가 있다고 말할 수 있다.
3) CC곡선의 기울기는 (F/S)인데, 무역을 하면 시장규모, S가 커지므로 기울기가 작아진다.
4) 무역을 하면 S가 커지므로 CC곡선의 기울기가 완만해져서 [그림 7-3]에서 보듯이 P는 작아지고, n은 증가한다.
5) F가 증가하면 CC곡선 기울기인 (F/S)가 커진다. 따라서 그림에서 CC곡선이 절편은 그대로인 채 기울기가 더 경사지게 변해서 새로운 균형점에서 P는 증가, n은 감소하게 된다. 이는 고정비용이 큰 산업에서는 가격이 올라가고, 산업 전체 기업 수는 감소함을 말해준다.

02. 농산품은 동질적인 노동집약재이고, 공산품은 차별화된 자본집약재라고 하자. A국은 노동풍부국이고, B국은 자본풍부국이다. 두 국가의 무역패턴을 설명하라.

> 📋 노동풍부국인 A국은 노동집약재인 농산품에 비교우위가 있고, 자본풍부국인 B국은 자본집약재인 공산품에 비교우위를 갖는다. 그런데 공산품은 차별적 재화여서 산업내무역이 발생하므로 두 나라가 서로 수출한다. 종합하면, A국은 농산품을 수출하고, 또 공산품은 수출과 수입을 하는데 수입량이 더 많다. B국은 공산품만을 수출하는데, 수출량이 더 많다.

03. 자동차산업에서 한국과 미국 간에 산업내무역이 이루어지고 있다. 그런데 한국은 미국에 주로 중소형차를 수출함에 비해 미국은 한국에 주로 중대형차를 수출하고 있다. 동종 산업 내에서도 이렇게 수출입 상품이 다른 이유는 무엇인가?

> 📋 대표수요설로 설명할 수 있다. 미국은 소득수준이 높아서 중대형차 수요가 많음에 비해 한국은 미국보다 소득수준이 낮아서 중소형차 수요가 많다. 그런데 자동차 생산에는 규모의 경제가 있기 때문에 미국에서는 중대형차의 가격이 낮아지고 한국에서는 중소형차의 가격이 낮아진다. 그래서 미국은 중대형차를 한국에 수출하고, 한국은 중소형차를 미국에 수출한다.

04. 세계 전체 교역량을 보면 서로 유사한 선진국간의 무역이 50% 정도를 차지하고 있고, 서로 상이한 선진국과 후진국간의 무역은 약 35% 정도밖에 안 된다. 이는 비교우위론의 예측과 다르다. 왜 이런 현상이 나타나는지 설명하라.

> 📋 비교우위 무역만을 생각하면, 선진국과 후진국은 서로 상이하므로 무역이 활발하지만, 선진국들은 서로 유사하므로 무역의 가능성이 낮다고 생각된다. 그런데 선진국 간의 무역량이 더 많은 이유는 선진국들 간에는 비교우위 무역은 적지만 산업내무역이 활발하게 이루어지고 있고, 또 선진국들은 경제규모가 커서 후진국들보다 더 많은 무역을 하기 때문이다.

05. 실리콘 밸리에는 IT 산업이 집중되어 있고, 충무로에는 영화산업이 집중되어 있다. 왜 이런 산업집중화가 이루어지는가?

> 📋 특정지역에 유사 기업이 집적하면 외부적 규모의 경제가 발생하기 때문이다. 기업이 집적하면, 특화된 노동을 낮은 비용으로 쉽게 이용할 수 있고, 그 업종에 특화된 장비와 시설을 낮은 비용으로 이용할 수 있으며, 이 업종에 관련된 지식을 쉽게 습득할 수 있는 장점이 있다. 이러한 세 요인으로 인해 외부적 규모의 경제가 발생하므로 이 지역에 속한 기업들은 비용 감소의 이점을 얻게

된다. 따라서 이 지역으로 기업들이 진입하면서 산업의 집중화가 이루어진다.

06. EEC의 경제통합으로 EEC 내 무역은 세계 무역보다 2배 이상 빠르게 증가하였다. 무역의 확대는 산업의 재배치를 필요로 하기 때문에 국내 산업간 갈등을 유발한다. 그러나 EEC 내 국가간 갈등은 예상보다 크지 않았다. 그 이유를 설명하라.

📋 EEC 내의 국가들은 서로 유사하기 때문에 무역 확대가 주로 산업내무역의 형태로 이루어졌다. 산업내무역이 확대되는 경우에는 동종 산업 내에서 기업의 재배치가 이루어지므로 서로 다른 산업 간에 기업을 재배치하는 산업간무역보다 갈등이 크지 않다.

07. 광양항이 자연적 입지조건도 좋고 이용비용이 낮음에도 불구하고, 선박회사들은 주로 부산항을 이용하고 있다. 그 이유를 설명하라.

📋 외부적 규모의 경제의 차이라고 할 수 있다. 광양항에는 항만이용에 필요한 서비스 업체가 충분히 집적되어 있지 않고, 반대로 부산항에는 항만 관련 많은 서비스 업체가 집적되어 있기 때문이다. 즉, 항만 이용의 직접비용은 광양항이 더 낮겠지만, 여타 부수적인 서비스를 이용하기에는 집적규모가 더 큰 부산항에서 비용이 더 낮기 때문이다.

08. "한국의 산업내무역은 지난 30여년간 꾸준히 증가하고 있다. 특히 한국의 산업내무역은 대상 국가별로는 선진국과의 무역에서 그 비중이 크고, 산업별로는 제조업 부문에서 그 비중이 크다." 이러한 분석에 대해 논평하시오.

📋 한국의 소득수준이 증가하면서 선호의 다양성이 증가하고, 나아가서 공산품 교역의 비중이 증가함에 따라 산업내무역이 증가하고 있다. 그 결과 선호구조와 생산구조가 선진국과 유사해 짐에 따라 선진국과의 무역에서 산업내무역의 비중이 높아졌다. 그리고 일반적으로 농산품보다는 공산품에서 규모의 경제나 제품차별이 잘 이루어지므로 제조업 부문에서 산업내무역이 높게 나타난다.

09. 다음 서술의 진위를 판정하고, 논평하시오.
1) "규모의 경제가 있는 경우에는 생산량이 많을수록 단위비용이 하락하기 때문에 큰 나라의 가격이 작은 나라의 가격보다 낮아질 수밖에 없다. 따라서 큰 나라가 무역의 이득을 전부 가져가게 될 것이다."

2) "광주 기아자동차 공장은 부품의 30%만이 지역 내 기업에서 조달하고 나머지는 경인지역이나 영남지역에서 조달하고 있다. 타지역에서 부품을 조달하면 추가적으로 물류비용을 부담하여야 하므로 지역 내에서 부품을 조달하면 비용을 줄일 수 있다."

3) "개방경제를 택하고 있는 서구 자본주의경제의 소비자는 개방되지 않는 사회주의경제에서의 소비자보다 품질이 차별화된 다양한 제품을 싼 가격에 소비한다."

답 1) 틀림. 세 가지 경우를 생각해 볼 수 있다.
   (a) 동질적 재화에서 내부적 규모의 경제가 있는 경우: 생산량이 많은 나라의 가격이 더 낮으므로 이 나라가 생산과 수출을 독점하게 된다.
   (b) 제품이 차별화되어 있고, 제품 생산에 내부적 규모의 경제가 있는 경우: 양국에서 모두 차별적 재화를 생산하여 서로 교환하는 산업내무역이 이루어진다.
   (c) 외부적 규모의 경제가 있는 경우: 산업의 생산량이 많은 국가의 가격이 절대적으로 낮기 때문에 그 국가가 생산과 수출을 독점하게 된다.
   a)와 c)의 경우에는 한 국가가 수출을 독점하게 되지만, 2)의 경우에는 제품 생산에 규모의 경제가 있음에도 불구하고 두 나라가 서로 수출하게 된다.

2) 틀림. 부품 생산에 규모의 경제가 있다고 하자. 이 경우 규모의 경제 효과가 물류비용보다 더 크면, 한곳에서 생산하여 전국에 판매함으로써 수익을 높일 수 있다. 경인지역이나 영남지역의 부품회사들이 규모가 더 커서 규모의 경제로 인해 단가가 더 낮다면 물류비용에도 불구하고 광주지역 부품회사 제품보다 가격이 낮을 수 있다.

3) 맞음. 개방경제에서는 다른 나라에 제품을 판매할 수 있기 때문에 생산량이 증가하게 되어 규모의 경제가 있는 제품은 그 가격이 하락하게 된다. 또 무역을 하면 다른 나라 제품을 소비할 수 있어서 다양성이 증가한다. 따라서 개방경제에서 더 낮은 가격으로 더 다양한 제품을 소비할 수 있다.

10. 생산함수와 효용함수뿐만 아니라 요소부존량도 서로 같은 두 국가가 있다. 무역 이전 두 국가는 독점적 경쟁시장에서 차별적 제품을 각각 N개씩을 생산하고 있다. 이 두 국가가 무역을 하면, 소비자가 누리는 제품 수 N^c는 $1 < \dfrac{N^c}{N} < 2$의 조건을 만족시킨다. 그 이유는 무엇인가?

답 이 조건은 무역을 하면 폐쇄경제에서보다는 제품 수가 증가하지만 2배까지 증가하지는 않음을 나타낸다. 무역을 하면, [그림 7-3]에서 보듯이 무역 이후에는 제품 수가 폐쇄경제에서보다 많아진다. 그리고 제품 가격이 하락한다. 제품가격이 하락했다는 것은 이 제품의 생산량이 과거보다 많아졌음을 의미한다. 총 자원량이 일정한 상태에서 각 제품을 더 많이 생산하기 위해서는 생산되는 제품의 수가 감소해야 한다. 따라서 시장규모가 두 배로 늘었지만, 생산되는 제품의 수는 두 배 이하가 될 수밖에 없다. 즉 $N < N^c < 2N$이므로 $1 < \dfrac{N^c}{N} < 2$가 된다.

11. 2000년대에 들어와서는 한국의 대중(對中)무역비중이 대미(對美)무역비중을 넘어서고 있다. 한국과 중국과의 무역이 크게 늘어난 이유를 이론적으로 설명하라.

📋 무역량은 두 나라의 경제규모와 거리(운송비)에 의해 결정된다는 중력모형으로 설명할 수 있다. 중국의 빠른 경제성장으로 중국의 경제규모가 크게 늘어나고 있고, 중국은 한국과 거리가 가까워 운송비가 적게 들어서 무역량이 빠르게 늘어났다.

12. 소국과 대국이 무역을 하면 누가 더 이득을 얻는가를 산업내무역의 측면에서 설명하라.

📋 소국의 이익이 더 크다. 무역이전 소국은 경제규모가 적어서 다양성도 적고 제품 가격도 높은데 비해, 대국은 경제규모가 커서 소국보다 제품 가격도 낮고 다양성도 많다. 두 나라가 무역을 하면 시장규모가 확대되므로, 양국 모두 다양성 증가와 제품가격 하락의 이익을 얻게 된다. 그런데 소국에서 대국보다 가격 하락폭이 더 크고, 또 다양성 증가폭도 더 커지므로 소국의 이익이 더 크게 된다.

13. 자유무역은 기술진보가 없는 상태에서도 산업의 생산성을 높이는 효과를 준다. 그 이유는 무엇인가?

📋 자유무역을 하면, 산업 내에서 생산성이 높은 기업은 성장하지만, 생산성이 낮은 기업은 위축되거나 퇴출된다. 그러므로 산업 내에 상대적으로 생산성이 높은 기업만이 존속하게 되므로 산업 전체의 생산성이 높아지게 된다.

08 노동과 자본의 이동 및 지역경제

 복습문제

01. 국가 간 노동의 이동이 각국의 요소소득에 미치는 영향을 설명하라.

답 이는 [그림 8-1]을 이용해 설명할 수 있다. 양국의 임금이 수렴한다. 즉, 임금이 높았던 국가의 임금은 내려가고, 임금이 낮았던 국가의 임금은 올라간다. 그리고 노동이 유입한 국가에서는 토지의 한계생산성이 증가하므로 토지소유자 보수는 올라가고, 노동이 유출한 국가에서는 토지의 한계생산성이 낮아지므로 토지소유자 보수는 내려간다. 이처럼 재화의 국가 간 이동과 마찬가지로 생산요소의 국가 간 이동에서도 이익을 얻는 집단과 손해를 보는 집단이 발생하게 된다.

02. 국가 간 노동의 이동이 양국의 국민소득에 미치는 영향을 설명하라.

답 이는 [그림 8-1]을 이용해 설명할 수 있다. 노동이 유입된 국가는 생산요소가 증가하였으므로 국내총생산(GDP)이 증가하고, 노동이 유출된 국가에서는 생산요소가 감소하였으므로 국내총생산(GDP)이 감소한다. 그런데 두 나라 국내총생산의 합인 세계 전체 총생산은 증가한다. 이 늘어난 생산량이 두 나라에 배분되면서 두 나라 모두 소득이 증가하게 된다.

　노동이 유출된 국가에서는 자국의 생산량은 감소하지만 해외로 나간 노동자가 벌어들인 임금을 합하면 과거보다 소득이 증가하게 된다. 노동이 유입된 국가에서는 늘어난 생산량 중에서 외국 노동자의 임금으로 일부 유출되긴 하지만 과거보다 소득이 증가하게 된다. 결국 두 나라 모두 소득이 증가하게 된다.

이는 자유로운 노동의 이동으로 세계적 수준에서 자원이 효율적으로 배분됨에 따라 세계 전체 생산량이 증가하였고, 이 증가한 생산량을 두 나라가 나누어 가진 결과로 해석할 수 있다.

03. 해외직접투자(FDI)가 발생하는 동기는 무엇인가?

🔲 해외직접투자는 대부분 다국적기업에 의해 이루어진다. 다국적기업이 발생하는 이유는 크게 두 가지로 설명할 수 있다. 첫째, 자국에서 생산하여 해외로 수출하는 것보다는 해외에서 생산하는 것이 더 이익이기 때문이다. 이는 입지(location)의 문제다. 둘째, 외국의 다른 기업에 위탁 생산하는 것보다 자회사를 설립하여 직접 생산하는 것이 더 이익이기 때문이다. 이것은 내부화(internalization)의 문제다.

내부화란 원자재, 중간재, 기술 등을 시장거래에 의존하지 않고, 외국에 자회사를 설립하여 기업 내 거래로 통제하는 것을 말한다. 내부화에는 기술의 내부화와 수직적 통합에 의한 내부화가 있다. 먼저 기술의 내부화란 모기업이 가지고 있는 기술을 외국의 다른 회사에 라이센스(license) 형태로 이전하지 않고, 해외에 자회사를 설립하여 직접 생산하는 것을 말한다. 다음으로 수직적 통합(vertical integration)에 의한 내부화는 부품 기업과 최종재 기업을 하나의 회사로 결합하는 것을 말한다. 두 회사가 수직적으로 결합된 하나의 회사로 묶이면, 자회사에서 부품이 안정적으로 조달되어 공급의 불안정성이 줄어든다.

04. 국가경제와 지역경제는 어떤 점이 서로 다른지에 대해 설명하라.

🔲 어떤 지역이 여러 국가로 나뉘어 있으면 국가경제(national economy)라고 하고, 한 국가로 통합되어 있으면 지역경제(regional economy)라고 하자. 지역경제에서는 재화나 생산요소의 이동이 자유로운데 비해, 국가경제에서는 국경과 같은 장벽 때문에 재화와 생산요소의 이동에 제약이 있다. 국가 간에는 제도 차이나 관세 장벽과 같은 명시적인 장애가 있고, 또 언어와 문화의 차이 같은 암묵적(implicit)인 장애가 있다. 특히 노동의 국가 간 이동에는 제약이 크다. 이처럼 국가경제와 지역경제는 재화나 생산요소의 이동에 얼마나 제약이 있는지 아니면 자유로운지에 차이가 있다.

05. 도시 집중 현상이 나타나는 이유는 무엇인가?

　　🖳 규모의 경제가 있는 산업의 경우에는 생산량이 많을수록 평균비용이 하락하므로 인구가 많은 지역에서 가격이 낮을 가능성이 크다. 특히 외부적 규모의 경제가 있는 산업에서는 집적 규모가 클수록 더 경쟁력을 발휘한다. 이런 이유로 인구가 많은 지역이 경제적 이점이 있게 되어 이 지역으로 인구가 유입된다. 그리고 이 지역으로 인구가 모이면 규모의 경제의 이점이 더 커지면서 누적적으로 인구집중이 확대된다. 이런 과정을 거쳐 도시집중 현상이 확대되어 간다.

　　어떤 지역이 다른 지역에 비해 노동력이나 자연환경이 우수하여 이점을 갖는 경우도 있지만, 역사적 우연성으로 인해 이점을 갖기도 한다. 미국 실리콘밸리의 전자산업, 뉴욕과 런던의 금융산업, 할리우드의 영화산업 등은 역사적 우연성에 의해 초기 이점을 확보하였고, 이러한 초기 이점이 누적적 자기강화 과정을 거치면서 세계적인 산업 중심지가 되었다.

연습문제

01. 최근 한국에 해외로부터 외국인 취업자와 불법취업자가 증가하고 있다. 외국 노동자의 유입에 대한 다음 물음에 답하시오.

1) 이는 한국경제에 이득인가?

2) 한국 내 노동자와 자본가의 보수에 어떤 영향을 미치는가?

3) 노동이 유출된 중국과 동남아 국가의 경제에는 어떤 영향을 미치는가?

　　🖳 1) 노동의 유입으로 노동량이 증가하였으므로 총생산이 증가하고 국민소득도 증가한다.

　　2) 한국은 노동이 유입되었기 때문에 노동자의 보수는 하락하고, 자본가의 보수는 증가한다.

　　3) 노동이 유출되었기 때문에 생산량이 준다. 그런데 외국으로 유출된 노동자의 임금을 함께 고려하면 국민소득은 과거보다 높아진다. 노동자의 유출로 임금은 상승하지만, 자본의 한계생산성이 하락하므로 자본가의 보수는 하락할 것이다.

02. '중국에서 회사를 운영하는 한국기업 A'와 '한국에서 회사를 운영하는 중국기업 B'가 있다. A와 B 중 어느 기업이 한국경제에 미치는 영향이 더 큰가?

📑 B기업, 국적과 관계없이 한국에서 활동하는 기업이 한국 노동자를 고용하는 등 한국경제에 도움이 된다.

03. 최근 한국 대기업들의 해외직접투자가 증가하고 있다. 어떤 회사는 중국과 같은 개도국에 투자하고, 어떤 회사는 미국과 영국과 같은 선진국에 투자한다. 이들 기업들이 외국으로 나가는 이유는 무엇인가?

📑 중국으로 투자하는 기업은 대체로 중국의 저임금과 큰 시장을 활용하기 위함이고, 선진국으로 투자하는 기업은 해당 국가와 주변 국가의 시장을 활용하기 위함이다. 이는 모두 입지적 요인에 의한 직접투자의 동기이다. 그런데 기업에 따라서는 입지요인이 아니라 자기 기업의 기술적 우위를 내부화하기 위한 목적으로 해외직접투자를 하는 경우도 있다.

04. 미국은 EU보다 면적이 더 넓음에도 불구하고 지역적 특화가 더 잘 이루어져 있다. 그 이유는 무엇인가? 또 EU는 단일통화체제를 운영하는 등 통합경제를 지향하고 있는데, 이러한 경제통합으로 EU 내 지역별 생산특화가 강화될까? 그리고 지역별 생산특화가 강화된다면 궁극적으로 미국 정도의 지역별 특화가 나타날까?

📑 EU는 여러 국가로 구분되어 있어서 통합을 지향하기는 하지만 미국만큼 지역 간 통합의 정도가 강하지 않아서 특화의 정도도 미국보다 약하다. EU의 통합이 더욱 진전되면 지역별 특화도 더욱 강화될 것이다. 하지만, EU 내의 국가들은 언어나 문화가 서로 달라서 미국 정도의 지역별 특화가 나타나지는 않을 것이다.

05. 규모의 경제가 있는 재화를 생산하고 있는 두 지역이 있다. A지역은 인구가 100만이고 B지역은 인구가 50만이라고 하자. 두 지역 간에 운송비는 없다고 하자.

1) 두 지역이 동일한 한 재화만을 생산하고 있다면, 지역별 생산은 어떻게 될까?

2) 1)번의 문제에서 인구는 이동하는가?

3) 두 지역이 규모의 경제가 있는 차별적인 재화들만을 생산하고 있다면, 지역별 생산은 어떻게 될까?

4) 3)번 문제에서 인구는 이동하는가?

5) 3)번 문제에서 재화의 이동이 불가능하다고 가정하면, 인구의 이동이 발생할까?

📖 1) 이 재화 생산에 규모의 경제가 있으므로 시장이 큰 A지역에서 생산비가 더 낮다. 그래서 A지역이 두 지역 모두의 생산을 담당하고, B지역에서 이 재화의 생산은 없다.

2) A지역에서 이 재화의 생산이 증가하고 B지역에서는 줄어들 것이므로 B지역에서 A지역으로 인구가 이동한다.

3) 이 경우에는 각각 차별적인 재화를 생산하여 서로 교환할 것이다. 다만 차별적 제품의 수가 B지역보다는 A지역에서 더 많다.

4) 각각 특성에 맞는 차별적 재화를 생산하여 교환하면 되므로 인구의 이동은 발생하지 않는다.

5) 재화의 이동이 불가능하지만 인구의 이동이 가능하다면, 두 지역 간에 인구 이동이 발생하게 된다. A지역은 시장규모가 크기 때문에 다양한 제품이 생산되며, 규모의 경제 효과로 제품 가격이 낮아진다. 따라서 A지역 소비자들은 다양한 제품을 더 낮은 가격으로 소비할 수 있기 때문에 B지역보다 높은 후생수준을 누리게 된다. 이로 인해 B지역에서 A지역으로 인구가 이동해가고, 원래 인구가 많았던 A지역은 더욱 인구가 많아지게 된다. 이러한 과정이 도시의 형성과 도시의 팽창을 설명해준다.

06. 중국은 경제개방을 시작하면서 해안지역에 경제특구를 설정하였다. 경제특구의 소득 수준에 어떤 변화가 있을 것인가를 다음 두 가지 경우로 구분하여 설명하라.
1) 경제특구와 타지역 간 노동이동에 제약이 있을 때
2) 지역 간 노동이동에 제약이 없을 때

📖 1) 개방정책으로 인해 경제특구의 생산이 증가할 것이다. 그런데 지역 간 인구의 이동이 없다면, 경제특구의 임금 수준이 다른 지역에 비해 높아진다.

2) 지역 간에 인구가 이동할 수 있다면, 임금이 낮은 지역에서 경제특구로 인구가 이동할 것이다. 그 결과 경제특구는 인구 유입으로 임금이 하락할 것이고, 임금이 낮은 지역은 노동이 희소해지면서 임금이 상승할 것이다. 경제특구만이 아니라 다른 지역의 임금도 상승하고, 지역간 임금이 같아진다. 그러나 전체적인 임금 상승폭은 지역간 노동이동을 허용하지 않을 때 예상되는 경제특구의 임금 상승폭보다는 작다.

07. "국가간 생산요소의 이동은 재화의 이동을 대체하므로 요소의 국가간 이동이 자유로워지면 국가간 무역의 필요성은 없어진다." 이를 논평하라.

국가 간에 생산요소가 자유롭게 이동하여 양국의 요소부존도가 같아지더라도 규모의 경제와 제품차별에 근거한 산업내무역은 여전히 이루어진다. 그리고 두 나라의 요소부존도가 같아지면 비교우위에 의한 무역은 발생하지 않지만, 국가 간에 이동 불가능한 요소들이 있기 때문에 여전히 비교우위 무역이 발생할 가능성이 있다. 예를 들어, 토지나 자원, 그리고 기후와 같은 생산요소는 이동 불가능하기 때문에 현실적으로 각 국가의 요소부존도가 같아질 수가 없고, 따라서 요소부존도 차이에 의한 비교우위 무역이 여전히 발생하게 된다.

제 2 부

국제무역정책

09 관세, 수량할당 및 비관세정책

 복습문제

01. 관세 부과로 국내 산업을 보호하여 후생수준을 높일 수 있는지 설명하라.

🔁 소국이 관세를 부과하면 수입재의 국내가격이 상승하므로 해당 재화의 국내 생산이 증가한다. 이로써 국내 산업은 보호될 수 있지만, 소비자들은 높은 가격으로 소비를 해야 하므로 국가 전체적으로는 후생수준이 감소한다. 관세 부과로 인해 생산왜곡과 소비왜곡이 나타나게 되어 사회적 순손실(deadweight loss)이 발생하기 때문이다. 생산왜곡으로 인한 손실은 자원을 비효율적인 수입대체재 부문에 배분하여 발생한 손실이고, 소비왜곡으로 인한 손실은 수입재를 보다 높은 가격으로 소비하기 때문에 발생한 손실이다. 이와 같이 소국에서 관세를 부과하면 반드시 후생수준이 감소한다.

그러나 대국이 관세를 부과하면 수입재의 국제시장가격이 하락하므로 교역조건이 개선되어 후생수준이 증가할 수도 있다. 이는 교역조건 개선으로 인한 이익이 생산왜곡과 소비왜곡으로 인한 손실보다 크게 되면 관세부과로 후생수준이 증가할 수 있다는 것을 의미한다. 그러나 이 나라는 이익을 얻지만, 상대국은 교역조건이 악화되어 손해를 보게 된다. 따라서 상대국이 보복관세를 부과할 가능성이 있다. 만일 상대국이 보복관세를 부과하면, 두 나라 모두 후생수준이 하락하게 된다.

02. 최적관세의 의미를 설명하라.

> 🔖 대국이 관세를 부과하면, 교역조건 개선의 이익이 발생하는 반면, 생산왜곡과 소비왜곡으로 인한 사회적 순손실이 발생한다. 관세율이 낮을 때는 관세율 증가에 따른 교역조건 개선의 이익이 사회적 순손실보다 더 크지만, 관세율이 일정 수준을 넘어서면 사회적 순손실이 교역조건 개선 이익보다 더 커진다. 그래서 관세율을 과도하게 인상하면, 교역조건이 개선됨에도 불구하고 사회적 비용이 더 커져서 후생수준이 오히려 하락하게 된다. 후생수준을 극대화할 수 있는 관세율을 '최적관세율(optimum tariff)'이라고 한다. 이는 관세 부과로 후생수준을 높일 수 있지만, 마냥 높이는 것이 좋은 것은 아님을 시사한다.

03. 수입쿼터가 관세에 비해 비효율적으로 여겨지는 이유는 무엇인가?

> 🔖 먼저, 국내수요가 변동하는 경우에 관세정책에서는 왜곡으로 인한 사회적 순손실이 변하지 않는 반면, 수입쿼터에서는 왜곡으로 인한 순손실이 더 커지게 된다. 그리고 관세의 경우에는 가격 상승폭을 예측할 수 있기 때문에 보호의 비용을 측정하기 쉽지만, 수입쿼터의 경우에는 가격 상승폭을 예측하기 어렵기 때문에 보호의 비용을 측정하기 어렵다. 마지막으로, 수입쿼터 정책에서는 수입면허를 받게 되면 수입가격과 국내가격 사이의 차익을 획득할 수 있어, 사람들이 수입면허를 받기 위해 로비를 하는 등 부정부패의 소지가 있다. 이처럼 수입쿼터 정책에서는 불필요한 자원낭비가 발생할 수 있다.

04. 수출보조금으로 후생수준을 향상시킬 수 있는지, 그리고 소국과 대국에서의 효과에 차이가 있는지 설명하라.

> 🔖 수출보조금을 지급하면 수출이 증가하고 수출산업의 생산이 증가한다. 그러나 관세부과에서와 같이 소비왜곡과 생산왜곡에 따른 후생손실이 발생한다. 따라서 수출보조금으로는 후생수준을 높일 수 없다.
>
> 　그리고 소국보다는 대국에서 후생손실이 더 커진다. 소국의 수출보조금은 국제시장가격에 영향을 미치지 못하는 반면, 대국의 수출보조금은 수출재의 국제시장가격을 하락(교역조건 악화)시키기 때문이다. 이처럼 대국의 수출보조금은 소국과는 달리 교역조건을 악화시켜 후생손실이 발생하므로 소국보다 더 큰 후생손실이 나타난다.

05. 덤핑은 일종의 가격차별 행위의 결과임을 설명하라.

> 🔖 덤핑은 해외시장에서 자국시장 가격이나 생산단가보다 더 낮은 가격으로 제

품을 판매하는 행위를 말한다. 이런 덤핑 행위는 어떤 기업이 국내시장에서는 독점적 지위에 있지만, 해외시장에서는 경쟁적 위치에 있을 때 나타난다. 즉 경쟁적인 해외시장에서는 낮은 가격을 부과하고, 독점적인 국내시장에서는 보다 높은 독점가격을 부과함으로써 이윤을 극대화하는 과정에서 나타난다. 이는 가격탄력성이 높은 해외 소비자들에게는 낮은 가격을 부과하고, 가격탄력성이 낮은 국내 소비자들에게는 높은 가격을 부과하는 가격차별 행위로 해석할 수 있다.

연습문제

01. A국과 B국의 수요공급곡선에 근거하여 다음에 답하라.

- A국: 국내수요곡선: $D=100-10P$, 국내공급곡선: $S=20+10P$
- B국: 국내수요곡선: $D=80-10P$, 국내공급곡선: $S=40+10P$

1) A국과 B국의 국내가격은 각각 얼마인가?
2) A국의 수입수요곡선과 B국의 수출공급곡선은?
3) A국과 B국이 무역을 하면 국제균형가격과 무역량은 각각 얼마인가?
4) 만일 A국이 0.5원의 종량세를 부과한다면, 국제균형가격과 무역량은 어떻게 바뀌는가?
5) 0.5원의 종량세 부과로 인한 후생의 순효과는 얼마인가? 후생수준은 증가하였는가 아니면 감소하였는가?
6) 만일 A국이 소국이고, 국제가격이 3)에서 구한 값과 같다고 할 때, 0.5원의 종량세는 5)의 후생수준 변화와 차이가 있는가?

📋 1) A국은 $P=4$, B국은 $P=2$ (수요와 공급이 일치하는 상태에서 균형가격이 결정되므로, $D=S$로부터 구할 수 있다)

2) A국의 수입수요$=80-20P$, B국의 수출공급$=-40+20P$ (수입수요곡선$=D-S$이고, 수출공급곡선$=S-D$이다)

3) $P=3$, 무역량$=20$ (앞의 2)에서 구한 식을 수입수요$=$수출공급에 대입하면 된다)

4) $p=2\frac{3}{4}$, 무역량$=15$, (A국이 종량세를 부과하면 A국의 국내가격은 $p^d=$

$(P+0.5)$가 되므로 A국 수입수요곡선이 $Q=80-20(P+0.5)$가 되고, B국의 수출공급곡선은 변화가 없으므로 $Q=-40+20P$이다. 이 두 식으로부터 균형값을 구할 수 있다)

5) $(25/8)$만큼 이익, 아래 그림에서 $e-(b+d)$를 계산하면 된다. 대국이어서 교역조건이 개선되어 후생이 증가함.

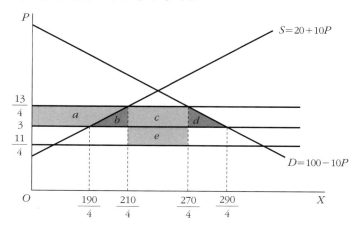

$b=(210/4-190/4)\times(1/4)\times(1/2)=5/16$

$d=(290/4-270/4)\times(1/4)\times(1/2)=5/16$

$e=(270/4-210/4)\times(1/4)=15/4$

$\Rightarrow$ 후생 $=e-(b+d)=25/8$

6) $(5/2)$만큼 손실, 국제가격이 3인데, 관세가 0.5이므로 국내가격이 3.5가 됨. 아래 그림에서 $-(b+d)$를 계산하면 됨. 소국이어서 교역조건 개선효과가 없고 순손실만 나타남.

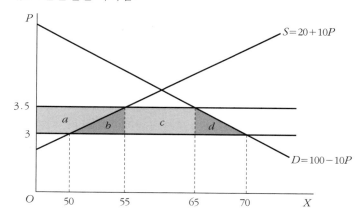

$b=(55-50)\times(1/2)\times(1/2)=5/4$

$$d = (70-65) \times (1/2) \times (1/2) = 5/4$$
$$\Rightarrow 후생 = -(b+d) = -(5/2)$$

02. 대국에서 관세를 부과하면 교역조건이 개선되어 후생수준이 증가한다. 그런데 관세율이 높아질수록 교역조건 개선 정도가 증가함에도 불구하고, 최적관세율 이상의 관세율에서는 다시 후생수준이 감소해 간다. 그 이유는 무엇인가?

> 🖹 대국에서 관세를 부과하면 교역조건 개선으로 인한 이득이 발생하는 한편, 소비왜곡과 생산왜곡에 의한 후생손실이 발생한다. 최초에는 관세율이 증가함에 따라 전자의 이익이 후자의 손실보다 크지만, 최적관세율 이상에서는 전자의 이익보다는 후자의 손실이 더 커져서 후생수준이 감소해 간다.

03. 국내 산업보호를 위한 무역정책으로 관세, 수입쿼터, 수출자율규제를 이용할 수 있다.
1) 이들 정책은 어떤 차이가 있는가?
2) WTO에서 관세 이외의 정책은 특별한 경우를 제외하고 규제하는 이유는 무엇인가?

> 🖹 1) 관세는 가격규제, 쿼터와 수출자율규제는 수량규제이다. 이들 정책은 소비왜곡과 생산왜곡을 초래한다는 점에서 동일하다. 그런데 관세정책에서 정부의 관세수입에 해당하는 부분이 쿼터에서는 수입업자의 초과이윤으로, 수출자율규제에서는 수출업자의 초과이윤이 된다.
> 2) 관세는 가격 상승폭이 명확하기 때문에 보호의 정도가 측정 가능하지만, 쿼터는 보호 수량은 명확하지만 가격 상승폭이 불분명하기 때문에 보호의 정도를 측정하기 어렵다. 그리고 제품에 대한 수요 증가 같은 변화가 발생하면 왜곡의 정도가 관세에서보다 더 커지기 때문이다.

04. 어떤 국가가 자동차 산업을 육성하기 위해 자동차의 부품수입에는 관세를 부과하지 않고, 자동차의 수입에는 30%의 관세를 부과하고 있다. 수입부품이 자동차 생산비의 50%를 차지하고 있다고 하자. 자동차 산업의 실효보호율은 얼마인가?

> 🖹 실효보호관세율=60%. (원래의 가격이 100(부가가치 50), 관세부과 후 가격이 130(부가가치 80)이므로 이를 '부가가치 변화분/원래의부가가치'에 대입하여 계산하면 실효보호율=(80-50)/50=0.6임.)

05. 한국은 60년대와 70년대에 수출을 장려하기 위해 정책적으로 수출보조금을 지급하였다. 이러한 수출보조금이 한국의 교역조건과 후생수준에 미친 영향을 분석하여라(참고: 한국을 소국으로 가정하는 경우와 대국으로 가정하는 경우에 차이가 있다).

🔲 수출보조금을 지급하면 소비왜곡과 생산왜곡에 의해 후생손실이 발생한다. 그런데 대국에서는 교역조건이 악화되므로 소국에서보다 후생손실이 더 커진다. (소국의 경우는 수출보조금으로 수출재의 생산이 증가하고 수출이 증가하지만 국제시장가격이 변하지 않는다. 그런데 대국의 경우에는 수출보조금에 의한 수출재 생산 증가가 수출재 가격을 하락시키므로 교역조건이 악화된다. 따라서 대국의 수출보조금은 소국의 수출보조금보다 후생손실이 더 커진다)

06. 본문의 [그림 9-1]에서 $S_2 D_2$만큼으로 수입량을 제한하는데 관세와 수입쿼터는 동등한 효과를 갖는다. 이제 이 재화의 국내 수요가 증가한 경우 관세보다는 수입쿼터에서 후생순손실이 더 커짐을 보여라(관세율과 쿼터량은 과거와 동일하다).

🔲

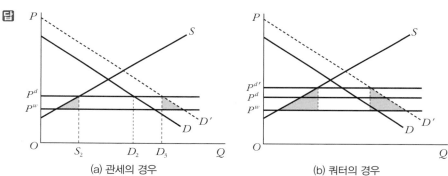

(a) 관세의 경우　　　　(b) 쿼터의 경우

⇒ 수요가 D에서 D'으로 증가하면, 그림 (a)의 관세에서는 국내 가격이 불변이지만 그림 (b)의 쿼터에서는 국내가격이 P^d에서 $P^{d'}$으로 상승한다. 그 결과 그림의 빗금친 부분으로 표시된 후생 순손실이 쿼터에서는 관세에서보다 더 커짐을 볼 수 있다.

07. 다음 서술의 진위를 판정하고, 논평하시오.

1) "이동통신 회사들이 청소년들에게는 요금할인제를 다양하게 시행하고 있으나, 성인들에 대해서는 거의 할인제도를 실시하지 않고 있다. 성인과 청소년을 구분하여 할인제를 시행하는 것은 부당하다."

2) "한국산 액정 TV가 한국에서는 800만원인데 미국에서는 600만원에 팔린다고 보도하면서 기자는 자국 소비자에게 높은 가격을 부과하는 것은 부당하다고 주장한다."

🖹 1) 가격차별은 기업의 정당한 영업행위로 보아야 한다. 가격탄력성이 높은 학생에게 가격을 할인하면 기업은 판매수입을 높일 수 있다. 기업의 이윤 추구 행위를 비난할 수 없듯이 이런 가격차별을 통한 기업의 이윤극대화 행위를 비난할 수는 없다고 본다.

2) 국제적 가격차별도 기업의 정당한 영업행위로 보아야 한다. 미국 시장은 경쟁적이어서 가격탄력성이 높기 때문에 낮은 가격을 부과하고, 한국 시장은 독점적이어서 가격탄력성이 낮기 때문에 높은 가격을 부과함으로써 기업은 이윤을 높일 수 있다. 이는 국제적 수준에서의 가격차별이라고 할 수 있다.

08. 최적관세율은 '1/외국의 수출공급탄력성'으로 계산된다. 그런데 이는 무역균형상태에서 '1/(외국의 수입수요탄력성 − 1)'과 같음을 보여라.

🖹 자국의 수입재를 A, 수출재를 B라고 하면, 다음과 같은 무역균형이 성립한다.

$$(1) \ (P_A / P_B)M_A = M_B^*$$

P는 가격, M은 수입량이고, *은 외국을 나타낸다. 따라서 M_B^*는 외국의 우리 수출재(B)에 대한 수입량을 나타낸다. 자국의 A제품 수입량은 외국의 A제품 수출량을 의미한다. 즉, $M_A = X_A^*$이다. 이를 식 (1)에 대입하면,

$$(2) \ (P_A / P_B)X_A^* = M_B^*$$

가 된다. 위의 식을 변화율로 바꾸면,

$$(3) \ \widehat{(P_A / P_B)} + \widehat{X_A^*} = \widehat{M_A^*}$$

이다. 양변을 $\widehat{(P_A / P_B)}$으로 나누면, 다음이 된다.

$$(4) \ 1 + \widehat{X_A^*} / \widehat{(P_A / P_B)} = \widehat{M_B^*} / \widehat{(P_A / P_B)}$$

외국의 수출공급탄력성 ε^*과 외국의 수입수요탄력성 η^*의 정의는 다음과
같다.

$$(5) \ \varepsilon^* = \widehat{X_A^*} \ / \ \widehat{(P_A \ / \ P_B)}$$
$$(6) \ \eta^* = -\widehat{M_B^*} \ / \ \widehat{(P_B \ / \ P_A)} = \widehat{M_B^*} \ / \ \widehat{(P_A \ / \ P_B)}$$

식 (5)와 (6)을 식 (4)에 대입하면, 다음이 된다.

$$(7) \ \varepsilon^* = \eta^* - 1$$

10 국제무역, 경제발전 및 경제성장

복습문제

01. 시장 왜곡이 있을 때, 보호무역정책이 후생 수준을 높일 수 있는지, 그 이유는 무엇인지, 그리고 최적의 정책은 무엇인지에 대해 설명하시오.

📑 외부경제 등으로 인해 시장왜곡이 있으면 자원이 효율적으로 배분되지 않으므로 정부개입이 필요하게 된다. 예를 들어, 외부경제가 있는 재화는 과소생산의 문제가 있으므로 이를 해결해야 하고, 노동시장에 왜곡이 있는 경우에는 부문 간 노동의 이동을 원활하게 할 필요가 있다. 이런 왜곡이 있으면 정부개입을 통해 자원을 효율적으로 배분함으로써 후생수준을 높일 수 있다.

　그런데 최적의 정책은 관세와 같은 보호무역정책보다는 왜곡이 있는 부문에 직접 개입하는 보조금정책이라고 할 수 있다. 예를 들어, 농업 부문의 노동력을 공업부문으로 이동하기 위한 정책을 생각해보자. 관세정책은 가격이 상승하므로 소비비용이 발생하는 부작용이 있고, 생산보조금 정책은 노동 이외의 생산요소에 보조금이 배분되는 문제가 있다. 바람직한 정책은 공업부문의 노동에 직접 보조금을 지급함으로써 농업부문의 노동이 공업부문으로 이동하도록 하는 정책이다. 이 정책은 재화 가격을 인상하지 않으므로 소비비용이 없고, 자본시장 등 다른 요소시장에도 영향을 주지도 않는다. 따라서 최적정책은 관세와 같은 보호무역정책이 아니라, 왜곡이 있는 곳에 직접 개입하는 보조금정책이다.

02. 어떤 상황에서 유치산업보호론에 근거한 보호무역정책이 타당성을 갖게 되는가?

　📘 유치산업보호론이란 어린 산업이 일정 수준으로 성장할 때까지 일정기간 보호한 후 자유무역을 실시해야 한다는 주장이다. 유치산업보호론에서 보호 대상이 되는 산업은 다음의 조건을 충족해야 한다. 첫째, 외부경제가 있는 산업이어야 한다. 이 경우에는 시장실패로 인해 과소생산이 이루어지므로 생산량을 늘리기 위한 보호무역정책이 정당화될 수 있다. 둘째, 일시적인 보호 후에는 국제경쟁력을 갖게 되고, 나아가서 개방 후에 얻은 이득이 보호기간 동안 입은 손실을 보상하고 남음이 있어야 한다. 이처럼 유치산업보호론은 미숙한 산업 모두를 보호하자는 것이 아니라 미래 전망이 확실한 산업을 보호하자는 주장이다.

03. 수출지향정책이 수입대체정책보다 더 나은 성과를 낼 수 있었던 원인은 무엇인가?

　📘 수출지향정책이 더 나은 성과를 가져온 이유는 다음과 같다. 첫째, 국내 기업이 해외시장에서 외국 기업들과 경쟁해야 하므로 기술개발과 비용절감에 노력하게 된다. 둘째, 새로운 수출제품을 생산하는 과정에서 학습효과를 얻게 되고, 외국과의 교류를 통해 새로운 기술을 습득한다. 셋째, 세계시장을 대상으로 제품을 생산하므로 규모의 경제가 실현된다. 넷째, 수출지원정책은 예산이 투입되기 때문에 지속적으로 성과가 검토되고 성과가 없으면 폐지하게 된다. 마지막으로, 수출지향정책에서는 수출을 통해 외환이 공급되므로 경제발전에 필요한 원자재나 자본재를 수입할 수 있는 외환을 확보할 수 있게 된다.

04. 경제성장의 요인들을 설명하고, 내생적 성장이론이 중요시하는 요소들에 대해 서술하라.

　📘 경제성장은 노동과 자본과 같은 요소투입에 의한 성장과 기술진보에 의한 성장으로 구분된다. 자본축적이나 인적자본 축적만이 아니라 기술 진보가 또 다른 경제성장의 요인이다. 기술진보에 의한 경제성장은 투입요소의 증가 없이 생산량을 늘릴 수 있다는 점에서 가장 바람직한 형태의 경제성장이다.

　　신고전파 성장이론에서는 자본의 한계생산성은 체감하기 때문에 결국에는 일인당 소득이 더 이상 증가하지 않는 정체상태(stationary state)에 도달한다고 한다. 이에 비해 내생적 성장이론은 기술진보가 경제 내부에서 형성되어 가고, 이러한 기술진보에 의해 경제가 지속적으로 성장해감을 설명해준다.

더 많은 연구개발투자를 하거나, 인적자본을 형성하거나, 기술이전이 활발할수록 기술진보율이 높아진다. 내생적 성장모형에서는 기술이 외부에서 주어지는 것이 아니라 내부적 요인에 의해 개발되고, 기술진보율이 높은 경제에서 경제성장률도 높아짐을 설명하고 있다.

05. 개방경제에서 경제성장률이 높아지는 이유에 대해 생각해보라.

무역은 비효율적인 비교열위산업에서 효율적인 비교우위산업으로 자원을 이동시킴으로써 국가 전체의 생산량을 증가시킨다. 그리고 개방은 국가 간 지식확산을 통해 기술진보를 촉진하여 경제성장률을 높인다. 지식확산 경로로는 무역, 해외직접투자, 라이센스(license) 등이 있다.

개방경제에서 지식확산은 다음과 같다. 첫째, 보다 다양한 중간재를 활용하고, 또 보다 품질 좋은 중간재를 활용하게 되면 생산성이 높아져서 경제성장률이 올라간다. 둘째, 무역은 해외기업과의 경쟁을 촉진하여 끊임없이 기술을 개발하고, 외국 기술을 습득하게 한다. 셋째, 무역으로 해외시장을 활용하면, 시장규모가 확대되어 규모의 경제를 실현할 수 있다. 마지막으로 무역에서 얻어진 경험과 기술은 해당 산업의 생산성을 높일 뿐만 아니라 다른 국내 산업으로 확산되면서 경제 전반의 생산성을 높인다.

연습문제

01. 개도국들은 공업화를 통한 경제발전을 추구하고자 보호무역정책을 실시하였다. 왜 공업 부문을 보호해야 하고, 보호를 위한 최적 정책은 무엇인가?

📋 공업부문에는 외부경제가 있고, 농산품 가격에 비해 공산품 가격이 안정적이기 때문에 공업부문의 성장이 농업부문의 성장보다 개도국의 장기적 성장에 도움이 된다. 최적정책은 조세-보조금정책이다. 관세를 이용한 보호무역정책은 공산품 가격을 인상하여 소비자의 후생손실을 가져오기 때문이다.

02. 농업부문에 비해 공업부문의 노동생산성이 더 높다면, 이는 노동시장에 왜곡이 있음을 나타낸다. 이를 교정하기 위해 관세정책, 생산보조금정책, 노동에 대한 보조금 정책을 실시할 수 있다. 각각의 정책 효과를 비교하라.

📋 공업부문의 노동에 대해 보조금을 지급하는 정책이 최선이다. 관세정책은 소비자 가격을 왜곡시키고, 생산보조금정책은 노동시장만이 아니라 자본시장에 영향을 미친다. 이에 비해 공업부문 노동에 대한 보조금은 왜곡이 있는 곳에 직접 개입하므로 추가적인 왜곡이 없어서 최적 정책이라고 할 수 있다.

03. 정부가 어떤 산업이 향후 20여년 동안 다른 산업에 비해 유망한 산업임을 정확하게 판단할 수 있다고 하자. 그렇다면 이 정부가 이런 산업을 집중 지원하고 육성하는 것이 바람직하고 올바른 정책인가?

📋 그렇지 않다. 어떤 산업이 유망산업이라는 것과 어떤 나라가 그 산업에서 경쟁력을 가질 수 있는가는 별개다. 어떤 산업이 장기적으로 성장할 수 있는 유망산업이라고 하더라도 이 산업이 그 나라의 요소부존도나 기술수준에 맞지 않으면 정부가 이 산업을 집중 육성한다고 하더라도 경쟁력을 가질 수 없다. 후진국이 첨단산업을 육성한다고 첨단산업에 경쟁력을 갖게 된다는 보장이 없는 것과 같다.

04 "한국은 1970년대 중화학 육성정책을 성공적으로 수행하여 수출산업이 노동집약적 산업에서 자본집약적 산업으로 변화하고 성공적인 경제성장을 달성하였다." 이를 비판적으로 논평하라.

📋 한국에서 중화학공업이 성장한 것은 정부 정책의 결과라기보다는 한국에

서 자본이 축적되고 기술이 진보하여 자본부존량과 기술수준이 중화학공업 성장에 적합한 형태로 발전해 온 결과로 볼 수 있다. 파키스탄과 인도는 50 년대부터 지속적으로 중화학공업 육성정책을 추진하였지만, 아직도 중화학공업에 경쟁력을 갖추지 못했다. 이는 육성정책으로 어떤 산업이 육성되는 것이 아니라 경제의 기본이 갖추어져야 그 산업이 성장할 수 있음을 말해준다.

05. 노동시장의 왜곡이란 무엇인가? 저개발국에서 농업과 공업 부문의 임금수준이 서로 같은 경우에도 노동시장에 왜곡이 있다고 판단하는 이유는 무엇인가?

답 산업 간에 임금 차이가 있음에도 불구하고 노동의 이동이 자유롭지 않아 임금 차이가 해소되지 않을 때, 이를 노동시장의 왜곡으로 본다. 그런데 진정한 의미에서 노동시장의 왜곡은 합리적인 요인으로 설명할 수 없는 산업간 임금차이를 말한다. 예를 들어, 작업환경이나 숙련도의 차이 때문에 발생하는 산업 간 임금 차이는 그 차이가 합리적으로 설명되므로 진정한 의미에서 노동시장의 왜곡이라고 할 수 없다.

루이스(Lewis)는 저개발국에서는 임금이 공업부문은 노동의 한계생산성에 의해 결정되고, 농업부문은 노동의 평균생산성에 의해 결정되는 경향이 있어서 두 부문 간에 임금은 같더라도 노동의 한계생산성에 차이가 있기 때문에 이는 노동시장이 왜곡되어 있다고 보아야 한다고 설명한다. 이 경우 공업부문에서 노동의 한계생산성이 농업부문보다 높기 때문에, 저개발국은 정부가 개입하여 농업부문의 노동을 공업부문으로 이동시켜 노동시장의 왜곡을 교정해야 한다고 주장한다.

06. 수출주도형 정책에 비해 수입대체형 정책을 추진한 국가는 경제성장의 달성에 실패하였다. 수입대체형 정책의 문제는 무엇인가? 그리고 수입대체정책이 소국보다는 브라질과 같은 대국에서 실시된 이유는 무엇인가?

답 수입대체정책은 국내 기업과 외국 기업과의 경쟁을 제한하므로 자원배분의 효율성과 기술개발을 저해한다. 소국의 경우에는 국내시장이 작아서 규모의 경제를 얻을 수 없기 때문에 수입대체정책을 실시하는데 한계가 있다. 그래서 국내시장 규모가 작은 동아시아 국가들은 불가피하게 수출주도형 정책을 채택할 수밖에 없는 측면이 있다 반면에 상대적으로 국내시장 규모가 큰 남미 국가들이 수입대체정책을 채택할 수 있었다고 할 수 있다.

07. 브라질과 아르헨티나는 1960년 이후 40년간 각각 연평균 2.35%, 0.96% 성장했음에 비해, 같은 기간 동안 한국과 대만은 각각 6.45%, 6.14%의 높은 성장률을 달성하였다. 한국과 대만이 남미 국가들에 비해 높은 성장을 달성할 수 있었던 원인은 무엇인가?

📋 남미의 수입대체정책과는 달리 한국과 대만은 수출지향정책을 추진하였고, 다른 개도국에 비해 교육수준이 높고, 개방도가 높으며, 저축률이 높았기 때문이다.

08. 내생적 성장이론은 기존의 신고전파 성장이론과 어떤 차이가 있는가? 또 이 이론은 개방이 경제성장에 미치는 효과를 어떻게 설명하는가?

📋 신고전파 성장이론에서는 기술수준이 외부적으로 주어지지만, 내생적 성장이론에서는 기술진보가 경제 내부에서 생성되고, 이러한 기술진보에 의해 경제가 지속적으로 성장해간다. 또 내생적 성장이론은 국가 간에 지식확산이 이루어져 기술진보율이 높아지고 경제성장이 촉진된다고 설명한다. 개방경제에서 지식확산은 무역, 해외직접투자, 라이센스(license) 등 세 가지 경로를 통해 이루어진다고 본다.

11 선진국의 산업정책과 지적재산권

복습문제

01. 특정 기업을 지원해 이익을 증가시키려는 전략적 무역정책이 국가 전반의 후생 수준을 높일 수 있는지 설명하라.

　답　전략적 무역정책을 시행하면 지원을 받는 기업은 이익을 얻을 수 있지만, 국가 전체적으로 이익을 얻기는 어렵다. 다른 국가의 보복 가능성이 있고, 상대 국가가 보복을 하면 전략적 이점을 주었던 보조금의 효과는 사라진다. 또 부정확한 보수행렬에 근거한 보조금 지급으로는 정책효과를 얻기 어렵다. 그리고 특정회사가 정부보조금으로 이익을 얻더라도 그 이익은 국가 경제 규모에 비해 매우 미미하다. 따라서 특정 기업이나 특정 산업을 지원하는 전략적 무역정책보다는 자유로운 시장경쟁에 맡기는 것이 바람직하다고 할 수 있다.

02. 임금수준이 높고 부가가치가 높은 산업의 육성이 국민소득을 증대시킬 수 있는 타당한 전략인지에 대해 평가하라.

　답　이 전략은 타당하다고 볼 수 없다. 국가마다 요소부존도나 기술수준 등 경제적 여건이 다르기 때문에 부가가치가 높은 산업이 모든 국가에 적절한 산업이라고 할 수는 없다. 또 일인당 부가가치가 높은 산업을 육성하자는 주장은 자본집약적인 산업을 육성하자는 주장과 크게 다르지 않다. 노동이 풍부한 나라에서 자본집약적인 산업을 육성하게 되면, 자원의 비효율적 배분을 초래하여 오히려 국민소득이 낮아지게 된다.

어떤 산업의 임금이 높은 이유는 이 산업의 노동생산성이 다른 산업에 비해 높기 때문이다. 따라서 임금이 높은 산업을 육성하자는 주장은 숙련노동집약적인 산업을 육성하자는 주장과 같다. 비숙련노동이 풍부한 국가의 경우, 이 주장은 비교열위산업을 육성하자는 주장과 같다. 임금을 높이기 위해서는 특정산업의 육성이 아니라 노동자의 생산성을 높이기 위한 교육이나 직업훈련이 필요하다.

03. 자유무역으로 국가 전체의 후생수준을 높일 수 있음에도 불구하고 많은 국가에서 보호무역을 실시하는 이유는 무엇인가?

📑 자유무역으로 국가 전체의 후생수준은 증가하지만, 모두가 이익을 보는 것은 아니고 일부 그룹은 이득을 보고 다른 일부 그룹은 손해를 보게 된다. 소비자들과 비교우위산업 종사자들은 이득을 얻지만, 비교열위산업 종사자들은 손해를 보게 된다. 상대적으로 빈곤한 집단인 비교열위산업 종사자들을 보호하고자 하는 경우 수입을 규제하게 된다.

그리고 보호무역이 시행되는 이유 중의 하나는 이익집단의 영향력 때문이다. 보호무역으로 이익을 얻는 수입대체산업 생산자들은 이득을 얻기 때문에 이들은 이익집단을 구성하여 보호무역을 강력하게 주장한다. 반면에 보호무역으로 손해를 보는 소비자들은 집단 전체의 손실은 매우 크지만 개인의 손실은 매우 미미하기 때문에 정책 결정에 관심을 기울이지 않는다. 그래서 생산자 집단의 주장이 받아들여져 보호무역이 시행되는 경향이 있다.

04. 새로 개발된 기술을 모든 사람들이 자유롭게 사용하는 것이 효율적임에도 불구하고, 지적재산권 제도를 통해 이를 규제하는 이유는 무엇인가?

📑 지적재산권의 보호에는 두 가지 측면이 있다. 하나는 효율성 제고를 위해서는 지적재산을 자유롭게 이용하도록 해야 한다는 것이고, 다른 하나는 추가적인 지적재산의 창출을 위해서는 지적재산권을 보호해야 한다는 것이다. 효율성이 저해됨에도 불구하고 지적재산권을 보호하는 이유는 새로운 지적재산을 창출하고 기술개발을 촉진하기 위함이다. 바람직한 지적재산권 제도는 효율성 제고와 지적재산권 창출이라는 두 측면을 적절하게 조화시킬 수 있어야 한다.

05. 한국의 특허출원과 R&D지출의 변화를 서술하고, 이러한 변화의 배경을 설명하라.

📑 미국 특허청에 등록된 한국, 미국, 일본, 독일의 특허 건수를 보면, 네 국가 모두 특허 건수가 점차 증가하고 있으나, 한국의 특허 건수가 가장 빠르게 증가하고 있다. 또 WIPO에 의하면, 2021년에 세계에서 국내총생산(GDP) 대비 특허출원 건수가 가장 많은 나라는 한국이다. 특허출원 수는 그 국가의 기술수준을 나타내는 지표라는 점에서 한국은 기술진보 속도가 다른 국가들에 비해 상대적으로 빠름을 알 수 있다.

　1990년 이후 한국의 특허가 빠르게 증가한 것은 한국이 지적재산권 제도를 강화하면서 모방이나 복제가 어려워졌고, 또 한국경제의 성장동력이 요소투입에서 기술진보로 전환되었기 때문으로 설명할 수 있다. 한국의 경제성장에서 기술진보의 중요성이 증가하자, 기술 개발을 위해 연구개발투자(R&D)가 빠르게 증가하였고, 그 결과 특허 수도 크게 증가하였다고 할 수 있다.

연습문제

01. 전략적 무역정책이론에 의하면, 특정 기업을 보호하거나 지원함으로써 국가 전체적으로 이익을 얻는다. 그러나 이는 현실적으로 타당한 정책은 아니다. 그 이유는 무엇인가?

📑 첫째, 정책 효과에 대한 정확한 정보를 알 수 없다. 둘째, 자국은 이익을 얻지만 상대국은 손실을 보기 때문에 상대국의 보복 가능성이 있다. 셋째, 이익을 얻더라도 이익의 정도가 미미하다. 마지막으로 다른 나라 기업과 과점 상태로 세계 시장을 지배하는 기업은 거의 없다.

02. 부가가치가 높은 산업이나 임금수준이 높은 산업을 육성하면 국민소득이 높아질 것으로 생각하지만, 이러한 정책이 모든 국가에 맞는 적절한 정책이라고 할 수는 없다. 그 이유는 무엇인가?

📑 산업구조는 그 국가의 부존자원이나 기술수준에 의해 결정된다. 어떤 산업이 매우 좋은 산업이라고 하더라도 그 산업이 그 나라의 부존자원이나 기술수준에 부합되지 않으면, 이 산업을 육성하기 위한 정책은 성공할 수 없다. 자국의

여건과 맞지 않은 산업을 육성하기 위한 정책은 오히려 자원배분의 효율성을 저해할 수 있다. 모든 국가에 적용되는 좋은 산업이란 있을 수 없다.

03. 대부분의 국가에서 기술개발에 대해 정부가 지원을 하고 있다. 기술개발 지원정책이 다른 산업정책과는 달리 타당성이 인정되는 이유는 무엇인가?

📋 한 기업에서 개발된 기술은 다른 기업이 대가 없이 이용할 수 있는 측면이 있다. 이런 점에서 새로운 기술개발은 외부효과가 있다. 외부효과가 있는 경우 시장실패가 발생하므로 정부지원의 타당성이 인정된다.

04. 지적재산권을 강화해도 문제가 있고, 완화해도 문제가 있다. 이를 정태적인 측면과 동태적인 측면으로 설명하라.

📋 지적재산권을 완화하면 창출된 지식을 대가 없이 이용할 수 있어서 새로운 지식이 널리 사용되는 장점이 있지만, 지식을 창출한 사람이 이익을 얻기 어려워지므로 추가적인 지식창출이 이루어지지 않아 동태적인 측면에서 경제성장이 둔화된다. 그리고 지적재산권을 강화하면 지식을 창출한 사람이 이익을 얻을 수 있기 때문에 새로운 지식이 창출되지만, 지식의 광범위한 이용을 저해하므로 정태적인 측면에서 지식 이용의 효율성이 낮아진다.

05. 선진국들은 지적재산권 강화를 주장하는 데 비해 후진국들은 이에 적극적이지 않다. 그 이유는 무엇인가?

📋 기술보유량이 많은 선진국들은 자국의 기술을 보호하고 기술의 판매로부터 수익을 창출하기 위해 지적재산권의 강화를 주장하고, 후진국들은 선진국의 기술을 보다 낮은 비용으로 이용하고자 지적재산권의 완화를 주장한다.

06. 한국은 1990년대에 들어서 특허수가 급속히 증가하고 있다. 여기에는 제도적인 요인과 경제적인 요인이 있다. 이를 설명하라.

📋 1980년대 후반 우루과이라운드 이후 세계적으로 지적재산권이 강화되었고, 이러한 세계적 추세에 맞춰 한국 지적재산권제도가 점차 강화되어 왔다. 그리고 1990년대 들어 요소투입에 의한 경제성장이 한계에 봉착하자, 한국은 기술개발의 중요성을 인식하고 연구개발(*R&D*) 지출을 확대하여 왔다. 이처럼 지적재산권제도의 강화와 연구개발투자의 확대에 의해 새로운 기술개발이 빠르게 증가하였고, 기술개발은 특허수 증가로 나타났다.

07. 다음 서술을 논평하라.

1) "정부는 연구개발에 지원을 해야 하고, 특히 응용분야보다는 기초분야 기술개발에 더 많은 연구비를 지원해야 한다."

2) "미국의 섬유산업을 보호하면 169,000명의 노동자를 추가 고용할 수 있다. 따라서 고용을 촉진하기 위해 보호정책이 필요하고, 고용확대로 미국은 더 잘 살게 될 것이다."

3) "한때 한국의 수출상품이었던 의류나 장난감을 이제는 중국으로부터 수입하고 있다. 이들 산업에서 한국의 노동생산성은 여전히 중국보다 높다. 그럼에도 불구하고 이들 상품을 수입하는 것은 중국의 임금이 한국보다 낮기 때문이다. 중국과의 경쟁에서 한국의 임금이 하락하는 것을 방지하기 위해 중국 수입품에 대해 보호무역을 실시해야 한다."

4) "중국의 경제성장으로 미국과 일본 시장에서 중국의 시장점유율이 높아가고 있다. 이는 한국의 경쟁력을 위축시켜 한국 경제에 부정적으로 작용하고 있다."

📋 1) 기초분야 지식은 누구에게나 공개되므로 외부경제효과가 크고, 응용분야의 지식은 그 지식을 개발한 기업의 상품개발에 활용되므로 외부효과가 작다. 이처럼 기초분야는 외부경제 효과가 더 크다는 점에서 정부지원의 타당성이 응용분야보다는 더 크다.

2) 섬유산업은 미국의 입장에서는 비교열위산업이다. 이 산업을 지원하여 고용을 늘릴 수는 있지만, 이는 비효율적인 산업을 지원하는 정책이므로 바람직하지 않다. 그 자금을 보다 효율적인 산업에 지출하면 더 높은 성과를 거둘 수 있다.

　실업문제 해결을 위한 보호무역정책은 바람직하지 않다. 자유무역 또는 보호무역을 선택하는 문제는 자원배분의 방향을 결정하는 문제이고, 실업문제는 거시경제정책으로 해결해야 하는 문제이다. 보호무역으로는 실업문제를 해결할 수 없을 뿐만 아니라 타당하지도 않다.

3) 의류나 장난감에서 한국의 노동생산성이 중국보다 더 높지만, 중국의 낮은 임금 때문에 이들 제품을 한국이 수입하는 것은 사실이다. 그런데 다른 한편으로는 중국의 임금이 더 낮음에도 불구하고 자본집약재의 경우에는 한국이 수출을 하고 있다. 이는 중국의 임금이 더 낮더라도 중국이 모든 제품을 수출하는 것은 아니고, 비교우위를 갖는 제품만을 수출하고 비교열위에 있는 제품은 한국이 수출함을 말해준다. 따라서 임금이 더 낮은 중국과의 무역으로 한국의 임금이 낮아지는 것도 아니므로 이를 이유로 보호무역을

실시할 필요도 없다. 보호무역을 하면 수입재의 가격이 상승하여 노동자들의 후생수준은 더 하락할 것이다.

4) 중국의 경제성장은 세계시장에서 한국의 시장점유율을 낮추므로 한국에게 부정적인 영향을 미치게 된다. 그러나 한편으로는 중국의 경제성장은 한국 제품에 대한 수요를 늘려서 한국의 대중국 수출이 증가하게 된다. 전체적으로 중국의 경제성장은 한국경제에 긍정적인 영향을 미친다. 실제로 중국의 고도 성장기에는 한국의 대중국 무역수지는 흑자였고 흑자폭도 매우 컸다.

12 경제통합, 경제협력과 WTO

 복습문제

01. 경제통합의 다양한 형태를 설명하고, 자유무역지역(FTA)에서 왜 원산지 규정이 필요한지 그 이유를 설명하라.

> 📑 경제통합은 여러 국가들이 상호간 협의를 통해 자유무역을 확대하는 것을 의미한다. 가맹국 간의 통합 정도에 따라, 경제통합은 ① 자유무역지역, ② 관세동맹, ③ 공동시장, ④ 경제동맹의 네 가지 형태로 구분된다.
>
> 자유무역지역은 가맹국 간에는 관세를 완전히 철폐하고, 역외 국가에 대해서는 각 가맹국이 독자적인 관세를 부과한다. 제3국에 대한 관세율이 가맹국마다 다르기 때문에, 관세율이 낮은 가맹국을 경유하여 관세율이 높은 가맹국으로 흘러가는 우회수출을 방지하기 위해 원산지 규정이 설정되어 있다.

02. 어떤 국가들 간의 경제통합에서 무역창출효과가 무역전환효과보다 더 클 가능성이 있는가?

> 📑 첫째, 서로 무역량이 많은 국가들 간의 관세동맹에서 후생수준이 증가할 가능성이 크다. 이 경우에는 제3국과의 교역 비중이 작기 때문에 관세동맹 이후 제3국에서 가맹국으로 수입선이 바뀌는 무역전환효과의 가능성이 작기 때문이다. 둘째, 관세율이 높은 국가가 관세동맹에 참여하면 가맹국 제품 가격이 크게 하락할 것이므로, 자국 제품에서 가맹국 제품으로 소비가 바뀌는 무역창출

효과의 가능성이 크다. 셋째, 경제통합에 참여하는 가맹국의 수가 많을수록, 생산비가 낮은 국가가 가맹국에 포함될 가능성이 높아서 무역창출효과의 가능성이 높다. 넷째, 산업구조가 유사한 국가들은 제품 구성이나 가격이 서로 비슷하기 때문에, 무관세로 가격이 약간만 하락해도 가맹국 제품을 수입할 가능성이 크므로 무역창출효과의 가능성이 크다.

03. 경제통합에서 무역전환효과가 발생하더라도 소비측면을 고려하면 후생수준이 증가할 수 있음을 설명하라.

📋 관세동맹 이후에는 소비자 가격 하락으로 소비자들의 후생수준이 증가하므로 무역전환효과가 나타나더라도 후생수준이 반드시 감소한다고 말할 수는 없다. 효율적인 제3국 제품이 비효율적인 가맹국 제품으로 대체되면서 나타나는 교역조건 악화 효과보다 수입재 국내가격 하락으로 인한 소비자의 후생증가 효과가 더 크면 전체적으로 후생수준이 증가할 수 있다.

04. 세계적인 자유무역의 확대는 개별 국가들의 독자적 결정에만 의존할 수 없고, 국가 간의 협력이 필수적이다. 이를 죄수의 딜레마를 이용해 설명하라.

📋 두 나라가 독자적으로 정책을 선택하면, 각자 보호무역을 채택하는 것이 자국에게는 이익이지만, 만일 두 나라가 협의를 할 수 있다면 서로 자유무역을 채택하는 것이 두 나라 모두 더 많은 이익을 얻을 수 있다. 이는 죄수의 딜레마와 유사하다. 그러므로 자유무역을 확대하기 위해서는 국제협력의 장을 제공할 수 있는 국제기구가 필요하게 된다.

05. 환경오염재와 같이 부정적 외부효과가 있는 재화의 경우, 자유무역의 후생효과가 일반 재화와 같지 않다. 이에 대해 설명하라.

📋 일반적으로 자유무역은 수출국과 수입국 모두의 후생수준을 증가시킨다. 그런데 부정적 외부효과가 있는 재화에서는 자유무역의 후생효과가 다르게 나타난다. 자유무역을 하면 수출국은 오염재를 더 많이 생산하게 되므로 환경이 나빠지고, 수입국은 오염재의 생산이 줄어들기 때문에 환경이 개선되는 효과가 있다. 오염재의 자유무역에서는 두 국가의 후생수준이 일반재의 자유무역과는 다르게 나타난다.

환경개선을 위해서는 환경오염재 생산에 세금을 부과하고 환경친화재 생산에 보조금을 지급하는 정책이 필요하다. 또 환경문제는 한 국가에 국한되는 것이 아니라 국경을 넘어 영향을 미치기도 한다. 한 국가의 환경 악화는 다른 국가의 환경에 나쁜 영향을 미치기 마련이다. 환경문제를 해결하기 위해서는 국제적 공조와 협력이 필요하다.

06. 환경보호와 경제성장의 상호관계에 대해 설명하라.

환경 쿠츠네츠 곡선(Environmental Kuznets Curve)에 따르면, 경제발전 초기에는 공업화가 진전될수록 환경이 악화되어 가지만, 경제발전이 일정 수준에 도달하면 환경이 개선되어 간다. 이는 산업구조의 변화와도 관련되어 있다. 경제가 성장함에 따라 농업에서 제조업 중심으로 산업구조가 바뀌면서 환경오염이 증가한다. 그런데 이후 다시 제조업에서 서비스업으로 산업구조가 바뀌고, 또 제조업 중에서도 공해발생이 낮은 제품으로 산업구조가 바뀌면서 환경이 개선되어 간다. 일정수준 이상의 소득에서 경제가 성장할수록 환경이 개선되어 간다면, 개도국의 성장이 환경문제 때문에 제약받지는 않을 것이다. 또 경제성장에 따라 청정기술의 개발이 증가한다면, 경제성장은 환경개선에 도움을 주게 된다.

연습문제

01. 국가 간 무역정책을 각국의 자유로운 의사에 맡기지 않고, 서로 견제하고 협력하는 이유는 무엇인가?

죄수의 딜레마(prisoner's dilemma)를 이용해 설명할 수 있다. 다른 국가는 자유무역을 하는데 자기만 보호무역을 하면 이 국가는 이익을 얻을 수 있다. 그래서 어느 국가든지 보호무역의 유혹을 갖는다. 그런데 모두가 보호무역을 하면 모두가 자유무역을 하는 경우보다 후생수준이 더 낮아진다. 따라서 전세계적인 자유무역 확대가 필요하다. 자유무역을 확대하고 보호무역의 유혹을 억제하기 위해 국가간 협력과 견제가 필요하다.

02. 2004년 동유럽과 구소련 국가들이 EU에 가입하였는데, 이들 국가들의 EU가입이 기존의 EU국가와 미국이나 일본과 같은 역외국가에 어떤 영향을 미치는지 설명하라.

동유럽 국가의 EU가입으로 서유럽과 동유럽간의 교역이 확대될 것이다. 이로 인해 EU국가들의 후생수준이 증가할 것인가 아니면 감소할 것인가는 무역창출효과와 무역전환효과의 크기에 따라 결정된다. 동유럽과의 교역 증가분 중에서 EU제품이 동유럽제품으로 바뀐 무역창출효과와 미국이나 일본 등 타국제품이 동유럽제품으로 바뀐 무역전환효과 중 어느 것이 더 큰가에 따라 EU국가들의 후생수준 변화를 판단할 수 있다. 그런데 EU와 동유럽 국가들의 경제구조가 상이하므로 기존 EU국가들의 후생수준 증가를 기대하기는 어렵지만, 가격 하락에 따른 소비자의 후생증가효과와 동태적인 측면에서 경제통합효과가 있음을 고려하면 종합적으로는 후생수준이 증가할 수도 있다.

그리고 EU−동유럽 간의 무역이 증가하면, 미국과 일본은 EU나 동유럽과의 교역이 감소할 것이므로 후생수준이 감소하게 된다.

03. 차선의 원리란 무엇인가? 그리고 경제통합의 후생효과를 차선의 원리로 설명하시오.

📑 차선의 원리는 모든 조건이 충족되지 못할 때, 하위 수준에서 몇 개의 조건이 더 충족되더라도 후생수준이 반드시 증가하지는 않음을 말한다. 이 이론을 적용하면, 최적 조건이 모든 국가들 사이의 자유무역인데, 이를 충족하지 못한 상태에서 일부 국가들의 자유무역만으로는 가맹국들의 후생수준이 반드시 증가한다고 볼 수 없다는 것이다. 이는 경제통합을 한다고 해서 가맹국의 후생수준이 반드시 증가하지는 않는다는 경제통합이론의 주장과 같다. 이 점에서 경제통합의 후생효과에 대한 설명은 차선의 이론과 일치한다.

04. 경제발전단계도 다르고 산업구조도 서로 다른 미국과 멕시코의 경제통합을 정태적인 측면과 동태적인 측면에서 그 효과를 평가하라.

📑 산업구조가 서로 다르므로 정태적인 측면에서는 무역전환효과가 발생하여 이익이 없을 수 있으나, 동태적인 측면에서는 시장규모의 확대, 직접투자의 증가, 기술이전 등의 긍정적인 효과가 있어서 이익이 있다.

05. GATT와 WTO는 모두 무역의 확대를 목적으로 한 기구이다.

1) GATT에서 WTO로 전환된 배경을 설명하라.

2) 그리고 GATT와 WTO는 어떤 점에서 차이가 있는가를 설명하라.

📑 1) GATT는 세계 무역의 확대에 많은 기여를 하였으나 협상위반에 대한 규제가 효과적이지 못했고, 서비스나 지적재산권 교류 확대와 같은 새로운 국제

무역환경의 변화에 적절하게 대처하지 못하였다. 이러한 한계를 극복하고 새로운 국제무역질서를 형성하고자 WTO가 출범하였다.

2) 첫째, GATT는 임시적인 협정이었으나 WTO는 항구적인 국제조직이다. 둘째, WTO는 GATT보다 더욱 자유롭고 보다 공정한 무역을 목표로 하고 있다. 셋째, GATT는 상품교역의 확대에 초점을 두었으나, WTO는 개방의 대상으로 상품교역이외에도 서비스교역, 지적재산권, 투자 등 GATT에서 다루어지지 않았던 새로운 분야들을 포괄하고 있다. 넷째, GATT에 비해 WTO는 소송이 제기되면 최종판결을 보다 신속하게 처리하고, 어떤 국가가 WTO의 판결을 준수하지 않은 경우 상대국가가 보복관세를 부과할 수 있는 권한을 부여하였다.

06. 다음 서술의 진위를 판정하고, 논평하시오.

1) "자유무역은 그 국가의 후생수준을 증가시킨다. 따라서 미국은 일본이나 유럽의 보호정책에 상관없이 자유무역을 실시하는 것이 바람직하다."

2) "한국은 공산품, 칠레는 농업에 비교우위가 있어서 두 국가의 산업구조가 서로 보완적이므로 한−칠레 자유무역협정은 두 국가에게 이익을 줄 것이다."

🗒 1) 틀림. 상대국이 보호무역을 실시하는데 자국만 자유무역을 실시하면, 자국의 이익은 감소할 수 있다.

2) 틀림. 보완적인 국가 간에는 무역전환효과의 가능성이 더 크기 때문에 경제통합으로 후생수준이 감소할 수 있다.

07. 무역과 환경에 관한 다음 문제에 답하라.

1) 공해문제로 인한 지구상의 기후변화 문제를 해결하기 위해 왜 국제협력이 필요한가?

2) 오염물질의 확산 방지를 위해서는 국가 간에 세금−보조금 정책 보다는 배출권거래제(cap and trade) 방식이 세계경제의 입장에서 왜 더 효율적인가?

🗒 1) 환경오염은 외부효과가 있기 때문에 환경오염을 방지하기 위해서는 세계 전체적으로 서로 협력해야 한다. 환경오염을 일으킨 정도에 따라 그 비용을 나라별로 부담시키는 것이 지구환경 악화를 방지하는 한 방법이다. 하지만 국가 간 견해 차이가 있어서 배분이 쉽지 않다. 특히 선진국과 개도국 간에 견해 차이가 크다. 그렇다고 해서 지구의 환경오염 문제를 방치한 채로 미

래세대로 대물림할 수는 없기 때문에 이 문제를 국제협력을 통해 해결할 필요가 있다. 이 협력의 일환으로 1992년 UN 산하에 기후변화총회가 구성되었다. 다른 한편으로, EU는 환경기준을 정해서 가맹국에게 이를 강제화하고 있다. 또 NAFTA도 강력하지는 않지만 환경문제를 모니터링 하는 기구를 두고 있다.

2) 공해와 같은 외부성 문제는 세금−보조금의 정책으로 해결할 수 있다. 그러나 가해자와 피해자가 불특정 다수이고, 또 국적이 서로 다를 경우에는 정책 시행에 어려움이 있다. 오염배출권을 각 국가에 배정한 후, 이 배출권을 국제적으로 거래하게 하는 제도가 배출권거래제(cap and trade) 방식이다. 이 방식도 배출권 배당에 관해 국가 간 서로 다른 견해를 조정해야 하는 문제가 있지만, 지구 전체적으로는 더 이상의 오염량이 발생하지 않도록 하는 장점이 있다. 또한 산업발전 과정에서 오염발생이 불가피한 국가는 시장거래를 통해 배출권을 구입하여 문제를 해결할 수 있다.

제 **3** 부

환율, 국제수지 및 개방경제 거시경제이론

13 국제수지

복습문제

01. 국제수지표 작성에서 경상수지와 금융계정의 작성 방법에는 어떤 차이가 있는지 설명하라.

> 국제수지표는 복식부기에 의해 작성되는데, 왼쪽이 차변(debit)이고 오른쪽이 대변(credit)이다. 경상수지에서는 외화를 유입시키는 거래는 대변(+)에, 외화를 유출시키는 거래는 차변(−)에 기록한다. 그리고 이 내용을 관련된 항목에 한 번 더 기록한다. 그런데 금융계정은 왼쪽이 '자산'이고 오른쪽이 '부채'이다. 표기 방식은 '자산 부채의 증감 기준' 방식이며, 자산과 부채의 증감에 대해 해당 항목에 증가는 (+), 감소는 (−)로 표기한다. 그리고 금융계정 각 항목의 수지는 자산에서 부채를 차감하여 계상한다. 경상수지가 흑자일 때, 대체로 금융계정은 (+)로 나타난다.

02. 국제수지 균형의 의미를 생각해보고, 경상수지 균형이 왜 중요한지 설명하라.

> 국제수지표는 경상수지, 자본수지, 그리고 금융계정으로 구분된다. 대외거래는 그 성격에 따라 자율적 거래와 보정적 거래로 나눌 수 있는데, 자율적 거래와 보정적 거래의 합은 항상 영(0)이 되므로, 전체 거래를 기준으로 하면 국제수지가 항상 균형을 이루는 것처럼 보인다. 자율적 거래는 국가 간의 가격, 소득, 이자율 등 경제적 요인에 의해 발생하지만, 보정적 거래는 자율적 거래를

뒷받침하기 위해 보조적으로 발생하기 때문에, 국제수지 균형 여부를 판단할 때는 자율적 거래만을 기준으로 해야 한다.

어떠한 거래를 자율적 거래로 볼 것인가에 대해서는 명확한 기준이 없지만, 대체로 무역수지나 경상수지가 자율적 속성이 강하기 때문에 금융계정의 균형보다 중요하다고 생각한다. 그리고 경상수지는 대외채권과 대외채무의 변동을 가져오기 때문에 중요한 의미를 갖는다. 예를 들어, 경상수지 적자는 그만큼 대외채무를 증가시키므로 경제에 부정적인 측면이 있다.

03. 경상수지 적자를 개선하기 위해서는 총지출을 축소해야 한다고 주장한다. 그 근거는 무엇인가?

📑 균형국민소득 방정식 '$Y=C+I+G+(X-M)$'을 다시 정리하면 '$(Y-A)=(X-M)$'로 표시할 수 있다. 이 식은 경상수지 불균형이 어떤 경제의 총생산량과 총지출의 차이와 같음을 보여준다. 즉 경상수지 적자는 총생산보다 총지출이 더 많아 나타나는 현상으로 해석된다. 이를 흡수접근방법(absorption approach)이라고 한다. 이 접근방법에 의하면 경상수지 개선을 위해서는 총지출(흡수) A를 줄여야 한다. 다시 말해서 총지출을 억제하는 정책이 경상수지 개선에 도움이 됨을 말해준다.

04. 화폐 공급량 증가가 국제수지 적자를 초래할 수 있다는 점을 설명하라.

📑 화폐공급량은 '$M^s=m(DC+NFA)$'이므로 화폐시장의 균형식은 '$m(DC+NFA)=M^d$'로 표시할 수 있다. 이 식에 $\Delta NFA=BOP$를 대입하여 정리하면, '$BOP=(1/m)\Delta M^d-DC$'이 된다. 이 식은 국제수지에 대한 화폐적 접근방법을 보여준다. 중앙은행이 국내여신(DC)을 늘려서 화폐시장에서 초과공급이 발생하면 국제수지는 적자가 되고, 사람들의 화폐에 대한 수요(M^d)가 증가하여 화폐시장에서 초과수요가 발생하면 국제수지는 흑자가 된다. 즉, 국제수지 흑자는 국내 화폐시장의 초과수요 때문이고, 국제수지 적자는 국내 화폐시장의 초과공급 때문으로 설명된다.

05. 환율 상승에도 불구하고 경상수지가 개선되지 않을 수도 있음을 설명하라.

📑 환율이 상승하면 수출이 늘고 수입이 줄어서 경상수지가 개선되는 경향이 있다. 그런데 환율 변화로 인해 수출과 수입이 얼마나 변화하는지는 수출재와 수입재의 가격탄력성에 따라 달라진다. 만일 두 나라의 수입수요 탄력성이 매우 작다면, 환율 상승에도 불구하고 경상수지 개선이 어려워진다. 이를 탄력

성 회의(elasticity pessimism)라고 한다. 예를 들어, 원유와 같은 필수품의 경우, 수요 탄력성이 매우 작기 때문에 환율 상승으로 수입 가격이 상승해도 원유의 수입량은 크게 줄어들지 않는다. 따라서 경상수지 개선 효과가 나타나지 않을 수 있다. 그러므로 주요 수입품이 주로 필수품인 국가에서는 환율 상승만으로 경상수지를 개선하기는 쉽지 않다.

연습문제

01. 다음 각 항목은 국제수지표에 어떻게 기록되고, 경상수지에 영향을 미치는 거래는 어떤 것인가?

1) 한국 수입업자가 미국에서 10만 달러의 상품을 수입하고 3개월 내에 대금을 지불하기로 하였다.
2) 방학 중 해외 배낭여행으로 4천 달러를 사용하였다.
3) 한국 기업이 미국에서 외화증권을 30백만 달러 발행하여 팔았다.
4) 한국 기업이 중국에 200만 달러를 투자하여 자회사를 설립하였다.
5) 한국 기업이 중국에 투자한 자회사에서 5만 달러의 수익을 송금받았다.

답 1) 상품수지 차변 10만 달러, 기타투자 부채 10만 달러

2) 서비스수지(여행) 차변 4천 달러, 기타투자 자산 −4천 달러

3) 증권투자 부채 30백만 달러, 기타투자 자산 30백만 달러

4) 직접투자 자산 200만 달러, 기타투자 자산 200만 달러

5) 서비스수지(소득수지) 대변 5만 달러, 기타투자 자산 5만 달러

* 1) , 2) , 5)의 거래가 경상수지에 영향을 미침.

02. "국제수지 적자가 큰 국가는 정부의 재정적자를 줄여야 한다고 주장한다. 그러나 재정적자를 줄인다고 국제수지가 반드시 개선되는 것은 아니다." 이에 대해 논평하시오.

답 $(X-M) = (S-I) + (T-G)$이므로, 경상수지인 $(X-M)$은 민간부문의 저축과 투자의 차인 $(S-I)$와 재정수지인 $(T-G)$에 의해 결정됨을 알 수 있다. 이 식으로부터 정부가 재정적자를 줄이면 $(T-G)$가 증가하므로 경상수지가 개선되는 측면이 있지만, $(S-I)$가 음(−)이면 $(T-G)$가 양(+)이더라도 경상수지가

흑자로 전환된다는 보장이 없다.

03. 어떤 나라가 경상수지 흑자로 벌어들인 외화를 장기자본 형태로 해외에 투자하였다. 이러한 투자 행위는 앞으로 이 국가의 경상수지에 어떤 영향을 미치는가?

🔁 직접투자는 당장은 금융계정 적자 요인으로 작용한다. 그런데 앞으로 직접투자의 수익이 본국으로 송금되면 본원소득수지를 개선하여 경상수지가 개선된다.

04. 어떤 해 한국의 경상수지는 300억 달러 흑자, 상품수지는 400억 달러 흑자, 서비스수지는 −120억 달러 적자, 자본수지는 −10억 달러 적자, 준비자산을 제외한 금융계정이 +90억 달러라고 하자. 그리고 국내총생산(GDP)은 1,000억 달러라고 하자. 이 자료를 이용해 다음 물음에 답하라.
1) 한국의 대외자산(foreign asset)은 증가하였는가 아니면 감소하였는가?
2) 한국의 외환보유액의 변화를 설명하라.
3) 이전소득수지가 0이라고 하면, 생산요소소득의 해외 지급(支給)이 더 많은가 아니면 수입(收入)이 더 많은가?
4) 총국민소득(GNI)는 얼마인가?

🔁 1) 경상수지를 CA, 자본수지를 KA, 금융계정을 FA라고 표기하자. 이 세 항목은 $(CA+KA=FA)$의 관계가 있다. 문제에서 주어진 값을 여기에 대입하면 '$300-10=FA$'이므로 $FA=290$이 된다. 이는 우리가 보유한 해외자산이 290억 달러 증가했음을 말한다.

2) 1)번 답에서 $FA=290$임을 알았다. 주어진 자료에서 준비자산을 제외한 금융계정수지가 90억 달러라고 했으므로 준비자산 항목은 200억 달러가 된다. 이는 한국의 외환보유액이 200억 달러 증가함을 뜻한다.

3) '$CA=$상품수지+서비스수지+본원소득수지+이전소득수지'이므로 '$300=400-120+$본원소득수지$+0$'에서 본원소득수지$=20$이 된다. 따라서 해외로 지급(支給)한 소득보다 해외에서 벌어들인 수입(收入)이 20억 달러 더 많다.

4) $GNI=GDP+$본원소득수지$=1000+20=1020$이다. 따라서 GNI는 1,020억 달러다.

05. 논리적으로 경상수지 흑자국은 생산보다 소비가 적어서 후생수준은 나빠지지만, 경상수지 적자국은 오히려 후생수준이 좋아진다. 그러나 적자국은 국제수지 균

형을 회복하기 위해 노력한다. 그 이유를 설명하라.

🔲 경상수지 문제는 저축과 소비의 문제와 유사하다. 소비가 저축보다 많으면 현재의 후생은 높아지지만 미래의 후생이 낮아진다. 마찬가지로 경상수지 적자는 현재의 후생을 높이지만 외환 부족을 초래하여 미래에 필요한 자원을 확보하지 못하는 등 미래의 경제성장을 저해하는 요인이 된다.

06. 국제수지의 불균형은 국내 통화공급량에 영향을 미친다. 이를 설명하라.

🔲 중앙은행의 대차대조표를 식으로 나타내면, '$H = DC + NFA$'이고, 이 식을 변화량 형태로 바꾸면 '$\Delta H = \Delta DC + \Delta NFA$'이다. 국제수지의 변화가 중앙은행의 외환자산을 변화시키므로 '$\Delta NFA = BOP$'이다. 이를 앞의 식에 대입하면, '$\Delta H = \Delta DC + BOP$'이 된다.

이 식으로부터 국제수지 흑자는 중앙은행의 준비자산을 증가시키므로 통화공급량이 증가하게 되고, 국제수지 적자는 중앙은행의 준비자산을 감소시키므로 통화공급량이 감소하게 됨을 알 수 있다.

07. 국제수지 적자를 조정하는 정책수단에는 무엇이 있는가? 각 정책수단은 어떤 이론적 배경을 갖는가?

🔲 1) 환율 인상: 수출재의 외화표시 가격이 낮아져 수출이 증가하고, 수입재의 국내가격이 높아져 수입이 감소하므로 경상수지가 개선된다. 어느 정도 개선될 것인가는 수요탄력성의 크기에 달려있다. (경상수지에 초점이 있음. 탄력성 접근방법)

2) 지출 감소: 경상수지 적자는 소득보다 지출이 많아서 나타난 현상이다. 따라서 지출을 줄이면 경상수지가 개선된다. (경상수지에 초점이 있음. 흡수 접근방법)

3) 통화량 감소: 국제수지 적자는 화폐의 공급이 수요보다 많아서 나타난 현상으로 본다. 따라서 화폐공급량을 줄이면 국제수지가 개선된다. (경상수지와 금융계정을 모두 고려한 최종수지인 준비자산에 초점이 있음. 화폐론적 접근방법)

4) 이자율 상승: 국제수지를 내국인과 외국인간 금융자산의 거래 차액으로 파악한다. 이자율을 올리면 외국인들의 우리 자산에 대한 수요가 늘어 외화가 유입되고 국제수지가 개선된다. (금융계정에 초점이 있음, 포트폴리오 접근방법)

08. 다음 서술에 담겨져 있는 경제적인 내용을 설명하라.

1) 우리나라의 대일 무역수지는 일본 엔화에 대한 환율인상에도 불구하고 적자인 반면, 우리나라 경제 전체의 무역수지는 환율인상에 따라 개선된다.

2) 1997년 외환위기 이후 한국의 환율은 급등하였고 경상수지는 적자에서 흑자로 전환되었다. 그리고 이후 경상수지 흑자가 지속되면서 한국의 외환보유액도 꾸준히 증가하였다.

3) 중앙은행으로 외환을 집중하는 국가에서는 그렇지 않은 국가에서보다 경상수지 변화가 국내금융시장에 미치는 효과가 더 크다.

🔲 1) 환율 변화가 무역수지에 미치는 영향은 수출재와 수입재의 수요탄력성에 의해 결정된다. 일본에서 수입하는 제품은 주로 자본재로서 가격 변화에 따른 수요탄력성이 크지 않아서 환율이 올라가도 수입이 거의 줄지 않아 무역수지가 개선되지 않는다. 그러나 한국 수출재와 수입재는 전반적으로 가격탄력적이어서 환율이 인상되면 수출이 늘고 수입이 줄어 무역수지가 개선된다.

2) 환율 상승은 수출경쟁력을 높이고 수입재의 국내가격을 높여서 경상수지 개선에 도움을 주었다. 그런데 당시 경상수지 흑자는 환율 변동만이 아니라 국내 경기 침체에 따른 대폭적인 수입 감소에 기인한 바가 크다. 경상수지 흑자는 외환의 유입을 가져와 외화 준비자산과 외환보유액을 증가시켰다.

3) 외화를 중앙은행에 집중하면 경상수지 흑자나 적자가 모두 통화공급량에 반영된다. 그런데 한국을 비롯해 많은 국가의 일반 시중은행은 외화를 보유할 수 있다. 시중은행이 보유한 외화는 중앙은행의 준비자산에서 제외되므로 통화공급량에 직접 연결되지 않는다. 따라서 경상수지 변화가 통화공급량에 미치는 영향도 작아진다.

14 환율과 외환시장

복습문제

01. [그림 14-1]과 [그림 14-2]는 모두 외환시장의 균형을 나타내는 그림이다. 두 그림의 차이는 무엇인가?

    📋 [그림 14-1]은 모든 경제적 거래를 반영한 외환시장의 균형이고, [그림 14-2]는 자본이동만을 고려한 외환시장의 균형이다. 그런데 외환시장에서는 자본이동과 관련된 외환거래가 그 비중이 가장 크고, 또 환율 결정에 가장 큰 영향을 미치기 때문에 자본거래만을 반영한 [그림 14-2]를 외환시장 균형으로 본다.

02. 캐리드레이드란 무엇이고, 이 거래에서 환율변동에 유의해야 하는 이유는 무엇인지 설명하라.

    📋 캐리 트레이드(carry trade)란 금리가 낮은 나라의 통화로 자금을 조달해 금리가 높은 나라에 투자함으로써 수익을 얻는 거래를 말한다. 일반적으로 캐리 트레이드의 투자수익은 두 통화 간 금리차이와 환율변동에 따라 결정된다. 예를 들어, 한국의 금리가 2%이고 일본의 금리가 0.5%인 경우, 한국 차입자가 일본자금을 이용하면 1.5%의 수익을 올릴 수 있다. 그런데 원엔 환율이 차입 시점에는 10원/엔이었는데 상환 시점에 11원/엔으로 올라가면, 원화가치가 10% 하락했기 때문에 금리 차이에 따른 수익에도 불구하고 엔화 상환시 오히

려 손해를 보게 된다. 즉, 금리차로 1.5%의 이익을 얻지만, 환율변동으로 10%의 손실이 발생해, 전체적으로 8.5%의 손해를 보게 된다. 이처럼 캐리 트레이드 차입자는 자국의 통화가치가 떨어지면 환손실을 입게 된다.

03. 이자율평형조건에 대해 설명하라.

📋 양국 예금의 기대수익률이 같아지는 조건을 이자율평형조건이라고 한다. 이는 다음과 같이 표현된다.

$$r = r^* + \frac{(e^e - e)}{e}$$

위 식에서 좌측은 한국 예금의 기대수익률이고, 우측은 미국 예금의 기대수익률이다. 이자율평형조건은 국가 간에 예금의 기대수익률이 서로 다르면 자본이 이동하고, 이러한 자본이동은 두 나라 예금의 기대수익률이 같아지면 멈추게 됨을 나타낸다. 이 이자율평형조건은 국가 간에 자본이동이 완전히 자유로움을 전제로 하고 있다. 자본거래가 외환시장에서 차지하는 비중이 가장 크고 영향력 또한 가장 크기 때문에, 이 식을 외환시장의 균형을 나타내는 식으로 이용하고 있다.

03. 사람들이 앞으로 환율이 상승할 것으로 예상할 경우, 이는 현재 환율에 어떤 영향을 미치는가?

📋 이자율평형조건에서 볼 수 있듯이, 예상환율(e^e)이 상승하면 외국예금 기대수익률이 상승하게 된다. 이로 인해 외국 예금에 대한 수요가 증가할 것이고, 이는 외환에 대한 수요를 증가시킬 것이므로 환율이 상승하게 된다. 예상환율의 상승으로 인해 현재 환율이 상승하게 된다. 예상환율이 상승한 상태에서 이처럼 현재 환율이 상승하게 되면, 다시 이자율평형조건이 충족된다.

04. 선물환율은 사람들의 미래 환율에 대한 예상에 의해 결정되는 것은 아니다. 이 서술에 대해 논평하라.

📋 선물환율은 미래 일정 시점에 거래하기로 합의된 환율이다. 선물환율은 사람들의 미래 환율에 대한 예상에 의해 결정된다고 생각하기 쉽지만, 실제로는 그렇지 않다. 식 (14.5)의 커버된 이자율평형조건에서 보듯이, 양국의 이자율과 현재 환율을 이 식에 대입하면 선물환율을 계산할 수 있다. 이는 선물환율

이 사람들의 미래에 대한 예상이 아니라 양국의 이자율 차이에 의해 결정됨을 보여준다.

05. 환율 변동에 영향을 미치는 단기적 요인과 중장기적 요인들이 무엇인지 설명하라.

답 환율변동에 영향을 미치는 중장기적 요인으로는 물가수준 변동, 국제수지, 거시경제정책 등이 있다. 물가상승률이 높은 국가는 화폐 가치가 낮아지므로 환율이 올라가고, 물가상승률이 낮은 국가는 화폐가치가 상승하므로 환율은 내려간다. 그리고 국제수지가 흑자가 되면 외환 공급이 증가하므로 환율은 하락하고, 반대로 국제수지가 적자가 되면 외환 수요가 증가하여 환율은 상승한다. 또 거시경제정책의 변화도 환율에 영향을 미치는데, 그 정도는 경제 환경에 따라 달라진다.

환율변동에 영향을 미치는 단기적 요인으로는 시장참가자들의 기대, 주변국 환율변동, 은행의 외환포지션 변동 등을 들 수 있다. 시장참가자들의 환율 예상이 변하면 실제로 환율이 변하게 된다. 그리고 관련 국가의 환율변동은 자국 통화 가치에 영향을 준다. 수출시장에서 경쟁관계에 있는 나라의 화폐가치가 하락하면 그 나라의 수출경쟁력이 높아지면서 자국의 수출경쟁력이 상대적으로 낮아져서 자국의 통화 가치도 하락하게 된다. 또 은행의 외환포지션 변동도 환율 변화에 영향을 미친다.

연습문제

01. 아래와 같은 상황은 한국의 환율에 어떻게 영향을 미치는가?
1) 한국의 수출 증가
2) 한국의 인플레이션 상승
3) 해외 이자율 상승
4) 이라크 전쟁 발발

답 1) 수출이 증가하면, 외환의 공급이 늘어 환율이 내려감.
2) 물가가 상승하면, 원화 가치가 하락하여 환율이 올라감.
3) 외국의 이자율이 상승하면, 사람들이 외국 자산을 구입하고자 하므로 외화

에 대한 수요가 증가하여 환율이 올라감.

4) 이라크 전쟁이 발발하면, 원유가 상승 등으로 세계 경제 불안이 예상된다. 이는 수입액을 늘리고 수출 감소를 가져올 것으로 예상되어 환율이 올라감.

02. 한국에서 녹음기 가격은 5만원이고, 미국에서 전화기 가격은 100달러이다. 환율이 1,000원일 때, 녹음기로 평가한 전화기의 가격은 얼마인가? 다른 변화는 없고, 환율이 1,200원으로 올라가면 전화기의 상대가격은 어떻게 변하는가? 한국의 녹음기는 전화기에 비해 싸졌는가 아니면 비싸졌는가?

📋 녹음기를 기준으로 한 전화기의 상대가격 = 100 1,000/50,000 = 2.

환율이 1,200이 되면 전화기의 상대가격은 2.4가 된다.

환율 상승으로 미국의 전화기는 비싸지고, 한국의 녹음기는 상대적으로 싸졌다.

03. 다음과 같은 자산의 원화 수익률을 계산하라.

1) 가격이 1년에 2억에서 2억 5천만원이 된 아파트
2) 가격이 1만원에서 1만 1천원이 된 채권
3) 미국의 연간 예금이자율이 10%인데, 1년간 환율이 1,000원에서 900원으로 변한 경우 미국은행에 예금한 1천만원

📋 1) (2억 5천 − 2억)/2억 = 25%

2) (1만 1천 − 1만)/1만 = 10%

3) 원금 1천만원/1000 = 1만 달러임. 1년 후 1.1만 달러가 됨. 수익률은 (1.1만 달러 900원 − 1천만원)/1천만원 = −1%가 됨. (이를 이자율평형조건에서 사용한 식으로 계산하면, 0.1 + (900 − 1,000)/1,000 = 0%가 됨). 계산 방식에 따라 결과에 차이가 나는데, 그 이유는 이자율평형조건식에서는 계산의 간편을 위해 일부 항목이 생략되어 있기 때문이다.

04. 한국과 미국 사이에 자본이동이 자유롭다고 하자. 한국의 이자율은 8%, 미국의 이자율은 5%이고, 현재 달러에 대한 원화의 환율은 1,000원이라고 하자.

1) 1년 뒤 환율이 1,050원으로 예상하고 있는 한국 투자자가 1백만원을 미국에 예금했을 때, 1년 후 원화로 얼마가 되는가? 기대수익률은 얼마인가?
2) 1)번의 경우 투자가는 어디에 예금을 하는가?
3) 선물환시장에서 1년 만기 달러의 선물환율이 1,020원이라면 위험회피 투자자는 어디에 예금을 하겠는가?

4) 균형 선물환율은 얼마인가?

답 1) 기대수익 = (1,000,000/1,000) (1 + 0.05) 1,050 = 1,102,500원,

기대수익률 = (1,102,500 − 1,000,000)/1,000,000 = 0.10254(10.25%)임.

(이자율평형조건의 외국예금 기대수익률 공식으로 계산하면,

0.05 + (1,050 − 1,000)/1,000 = 0.10(10%)가 됨. 이 두 방식에서 수익률이 다르게 나오는 것은 이자율평형조건에서 이용한 기대수익률 계산식이 일부 항목이 생략된 근사값이기 때문임.

2) 미국예금의 기대수익률이 더 높으므로 미국에 예금한다.

3) 위험이 커버된 외국예금 기대수익률 = 0.05 + (1,020 − 1000)/1000 = 7%가 된다. 외국예금 기대수익률이 한국예금 기대수익률보다 낮으므로 한국에 예금을 한다. (외국인의 경우 한국에 원화로 예금을 한 후, 선물환시장에서 원화 원금과 이자를 합한 원화금액을 팔고 달러를 구입하면, 한국이자 8%와 선물환율 2%를 고려하면 6%의 확정수익을 얻을 수 있다. 따라서 미국에 예금하는 것보다 1% 더 이익을 얻게 된다.)

4) 양국 예금의 기대수익률이 같아야 하므로 커버된 이자율균형조건으로 계산하면, 1,030원이다.

05. 수입업자가 미국에서 자동차 10대를 수입하고 6개월 후에 30만 달러를 지불하기로 계약하였다. 6개월 후 환율이 어떻게 변할지 알 수 없는 상황에서 수입업자가 환율변화에 의한 손실을 방지하기 위한 방법은 무엇인가?

답 선물환시장에서 30만 달러에 해당하는 선물환을 구입함으로써 환율 변동의 위험을 헷지할 수 있다. 현재 환율보다 6개월 후 선물환율이 더 높으면 수입업자의 원화 지불금액이 늘어나게 되고, 선물환율이 더 낮으며 원화 지불금액이 줄어들게 된다.

06. 외국은행에 예금을 하면 연간 4%의 이자율이 더 높을 때 아래에 답하라.

1) 외환이 연간 2%로 선물할인이 되는 경우, 환위험을 커버한다면 외국 은행에 예금하여 얻는 수익률은 얼마인가?

2) 만일 외환이 연간 1%로 선물할증이 되는 경우의 수익률은 얼마인가?

답 1) 4 − 2 = 2% (선물환율이 현재 환율보다 2% 낮은 경우임)

2) 4 + 1 = 5% (선물환율이 현재 환율보다 1% 높은 경우임)

07. 자산접근모형에 대한 다음 물음에 답하라.

1) 자국이 이자율을 낮출 때 외환시장에 미치는 영향을 그림으로 설명하라.

2) 이 나라가 환율을 원래의 수준으로 유지하고자 하면, 중앙은행은 어떤 정책을 펴야 하는가?

3) 사람들이 앞으로 환율이 올라갈 것으로 예상하면, 이는 환율에 어떤 영향을 미치는가? 그림으로 설명하라.

답 1) 자국의 수익률 곡선이 왼쪽으로 이동하여 환율이 올라간다.

2) 환율 상승을 방지하기 위해서는 중앙은행은 외환시장에 외화자산을 풀어야 한다. 이 경우 중앙은행의 외환보유고가 감소하므로 통화공급량이 줄어든다. 통화량이 줄어들면 국내이자율이 올라가므로 다시 환율이 원래의 수준으로 복귀한다.

3) 예상환율이 올라가면, 외국예금의 기대수익률곡선이 위로 이동하므로 균형환율이 올라간다.

08. 세계 여러 나라 통화에 대한 우리나라 원화의 환율은 어떻게 결정되는가?

답 미국 달러화 이외의 기타 통화에 대한 원화 환율은 원화의 대미달러환율과 기타통화의 대미달러환율로 재정(arbitration)하여 간접적으로 산출한다. 예를 들어, 원/달러 환율이 US $1＝₩1,100이고 엔/달러 환율이 $1＝￥100이면, 원화와 엔화의 환율은 연쇄방식에 의해 1￥＝₩11(＝1,100 100)이 된다. 이 때 원/달러 환율과 엔/달러 환율을 기준으로 간접적으로 계산된 원/엔 환율을 교차환율(cross rate)이라고 한다.

15 국민소득, 환율과 국제수지

복습문제

01. 정부의 재정지출이 증가하면 국민소득이 증가하는데, 국민소득 증가분은 재정지출 증가분보다 더 많다. 그 이유는 무엇인가?

답 유효수요이론에 의하면 총수요가 증가하면 소득이 증가하는데, 소득은 총수요 증가분 이상으로 증가한다. 이를 승수효과라고 한다. 정부지출은 총수요의 구성요소이므로 정부지출이 증가하는 경우에도 승수효과가 나타난다. 정부지출이 증가할 때, 소득 증가분이 초기 정부지출 증가분보다 더 커지는 이유는 다음과 같다. 정부지출 증가로 총수요가 증가하면 생산량(국민소득)이 늘어난다. 국민소득이 증가하면 다시 한계소비성향만큼 새로운 소비수요가 창출되어 추가적으로 소득이 증가하고, 또 소득 증가가 다시 소비수요를 창출하는 순환 과정이 지속되면서 소득이 계속 증가해 간다. 결국 균형국민소득은 초기 정부지출의 승수배만큼 증가하게 된다.

02. 재정정책의 소득 증가 효과가 폐쇄경제보다 개방경제에서 더 작다. 그 이유는 무엇인가?

답 개방경제에서 승수효과가 더 작은 이유는 다음과 같다. 소득순환과정에서 유입이 증가하면 소득이 증가하고, 누출이 발생하면 소득이 감소한다. 그런데 재정지출 증가로 소득이 증가하면, 한계소비성향만큼 새로운 소비가 유발되는데, 폐쇄경제에서는 국내제품만을 소비하지만, 개방경제에서는 국내제품만이 아니라 해외제품도 소비한다. 이처럼 개방경제에서는 소비의 일부가 수입의 형태로 해외로 누출되기 때문에 폐쇄경제보다 승수효과가 더 작아지게 된다.

03. 재정정책의 소득 증가 효과는 대국과 소국 중 어디에서 더 크게 나타나는가?

🔁 대국에서 승수효과가 더 크다. 그 이유는 다음과 같다. 정부지출 증가로 소득이 증가하면 소비가 증가하는데, 소비의 일부는 외국 제품에 대한 수입에 사용된다. 그런데 우리의 수입은 외국에게는 수출이므로 이는 외국의 소득을 증가시키고, 다시 외국의 소득 증가에 따른 수입 증가는 우리의 수출 증가를 가져와 우리의 소득이 증가하는 효과를 얻게 된다. 다시 말해서, 재정지출로 인한 소득 증가의 일부가 해외로 유출되지만, 다시 일부는 우리의 수출 증가로 돌아와서 소득 증가에 기여한다는 것이다. 이러한 과정은 대국에서 가능하다.

소국의 경우에는 이 나라의 수출과 수입이 다른 나라의 소득에 영향을 미치지 못하기 때문에, 이 나라의 소득이 증가하여 수입이 증가하더라도 상대국의 소득에 영향을 미치지 못하므로 상대국의 수입도 증가하지 않는다. 다시 말해서, 해외로 유출된 소득이 다시 우리의 수출 증가로 연결되지 않기 때문에 소국의 승수효과는 대국보다 작다.

04. 마샬-러너 조건과 로빈슨-메츨러 조건은 무엇에 관한 것이고, 두 조건의 차이점은 무엇인가?

🔁 둘 다 환율이 상승할 때 무역수지가 개선되기 위한 조건을 설명하고 있다. 마샬-러너 조건은 양국의 수입재에 대한 수요탄력성의 합이 1보다 큰 경우에만 환율 상승이 무역수지를 개선시킬 수 있다고 한다. 다시 말해서 수출재와 수입재의 가격탄력성이 클수록 환율상승의 무역수지 개선효과는 커진다는 것이다. 로빈슨-메츨러 안정조건과 마샬-러너 안정조건의 차이점은 수출공급탄력성에 대한 가정의 차이다. 마샬-러너의 안정조건은 수출공급에 제약이 없다고 가정함에 비해 로빈슨-메츨러 안정조건은 수출재 공급에 제약이 있다고 가정하고 있다.

05. 환율 상승이 경상수지 개선에 기여하기 어려운 이유로 탄력성 문제, J-커브 효과, 환율의 격 전가 문제를 들 수 있다. 이를 설명하라.

🔁 마샬-러너 조건에서 알 수 있듯이 환율 상승으로 무역수지가 개선되기 위해

서는 두 교역국의 수입수요탄력성이 충분히 탄력적이어야 한다. 개도국들은 그들의 수출재와 수입재의 수요탄력성이 낮기 때문에 평가절하가 무역수지 개선에 도움이 되지 않을 것이라고 주장한다. 이것이 탄력성회의다. 그리고 수입수요 탄력성은 장기적으로는 탄력적일지라도, 단기적으로는 비탄력적이지 때문에 평가절하(환율 상승)의 무역수지 개선효과가 단기적으로는 나타나지 않을 가능성이 있다.

J-곡선 효과에 의하면, 환율이 상승하면 경상수지가 바로 개선되는 것이 아니라, 단기적으로는 악화되었다가 장기적으로 개선되어 간다. 환율 변화는 가격에 즉시 반영되지만, 수출입 거래량은 바로 조정되지 않기 때문에 수출액은 감소하고 수입액은 증가하여 초기에는 무역수지 적자가 된다. 중장기적으로는 수출 가격의 하락과 수입 가격의 상승이 거래량에 영향을 미쳐 무역수지가 개선되어 간다. 환율 변화 후에 경상수지가 서서히 변화하는 이유는 소비자들이 가격 변화에 반응하는데 시간이 걸리고, 또 생산량의 변화에도 시간이 필요하기 때문이다.

환율 전가란 환율 변화가 수입재의 국내가격 또는 수출재의 외화표시 가격에 반영되는 정도를 말한다. 그런데 실제로는 환율이 변할 때 재화가격은 환율 변화분보다 더 적게 변동한다. 기업은 환율이 변할 때 수출재 가격을 즉각적으로 변화시키지 않고, 단기적으로는 이윤의 감소나 증가로 흡수하고자 하는 경향이 있다. 이처럼 환율 변화가 가격에 전가되는 정도가 1보다 작기 때문에 환율변화로 인한 경상수지 개선효과는 생각보다 작아진다.

연습문제

01. $C = 100 + 0.8Y$, $M = 150 + 0.20Y$, $I = 100$, $G = 100$, $X = 350$이라고 하자. 여기서 C: 소비, Y: 소득, I: 투자, G: 정부지출, X: 수출, M: 수입이다. 다음에 답하라.

1) 균형국민소득을 그림을 이용하여 구하라.

2) 균형국민소득수준에서 무역수지는 균형인가?

3) 정부재정이 균형이었다면, 균형국민소득수준에서 저축은 얼마인가?

4) 정부지출이 10 증가하면, 균형국민소득은 얼마가 되는가? 그림으로 표시

해라. 이 때 승수효과는 얼마인가?

5) 수출과 수입이 없는 경제라면 균형국민소득은 얼마인가?

6) 5)번의 경제에서 정부지출이 10 증가하면 균형국민소득은 얼마가 되는가? 이 때 승수효과는 얼마인가?

7) 폐쇄경제와 개방경제의 승수효과를 비교하고, 차이가 나는 이유를 설명하라.

📖 1) $D = 500 + 0.6Y$와 $45°$ 선인 $Y = D$가 만나는 점에서 균형국민소득이 결정됨. 즉, 이 두 식으로부터 Y를 구하면 균형국민소득은 1,250임.

2) $Y = 1,250$를 문제의 $M = 150 + 0.20Y$에 대입하면, $M = 400$이다. 문제에서 $X = 350$이므로 무역수지는 50만큼 적자임.

3) $C + I + G + (X - M) = C + S + T$에서 $G = T$이고, $(X - M)$은 -50, $I = 100$이므로 $S = 50$이 됨.

4) 정부지출이 10 증가하면 $D = 510 + 0.6Y$이 되므로 균형국민소득은 1,275가 됨. 승수효과는 $(1,275 - 1,250)/10 = 2.5$임. (이 값은 승수효과 계산식 $1/(s+m)$으로 계산한 값과 같음. 문제에서 $s = 0.2$, $m = 0.2$이므로 이를 승수효과 계산식에 대입하면 2.5임)

5) $C + I + G = Y$이므로 1,500이 됨.

6) 정부지출이 10증가하면 균형국민소득은 1,550이 됨. 따라서 승수효과는 $(1550 - 1500)/10 = 50/10 = 5$가 됨. (승수효과 계산식 $= 1/s$를 이용해 계산한 값과 같음. 즉, $s = 0.2$를 대입하면 승수는 5가 됨)

7) 이 문제에서 4)번 개방경제 승수는 2.5, 6)번 폐쇄경제 승수는 5임. 개방경제 승수가 더 작아지는 이유는 폐쇄경제와 달리 개방경제에서는 수요의 일부가 수입(輸入) 증가 형태로 해외로 누출되기 때문이다.

02. 대체적으로 어느 나라든지 총소비 지출 중에서 수입재에 대한 지출보다는 자국 제품에 대한 지출비중이 더 크다. 따라서 이전지출을 한 나라의 교역조건은 악화된다는 것이 케인즈의 주장이다. 모든 국가에서 총소비 중 자국 제품에 대한 소비가 80%, 외국 수입품에 대한 소비가 20%라고 가정하고 케인즈의 견해가 타당함을 설명하라.

📖 예를 들어, 100이라는 소득이 A국에서 B국으로 이전하는 경우를 생각해 보자. A국은 100만큼 소득이 감소하는데, 이로 인해 A 제품 소비가 80 줄고, B 제품 소비가 20 준다. 그리고 B국은 100만큼 소득이 증가하는데, 이로 인해 B 제품 소비가 80 늘고, A 제품 소비가 20 는다.

이상으로부터 A국 제품 수요는 60 줄고, B국 제품 수요는 60 증가함을 알 수 있다. 공여국인 A국 제품은 수요가 감소하므로 가격이 하락하고, 상대국의 제품은 수요가 증가하므로 가격이 상승한다. 이는 공여국의 교역조건이 악화됨을 의미한다.

03. 한국에서 원유는 완전 수입재이다. 원유 비용이 전체 생산비의 20%를 차지하는 제품을 생산하여 수출하는 기업이 있다. 환율이 10% 올라가면, 이 기업의 국내 판매와 해외수출에 어떤 영향을 미치는가?

📋 환율상승으로 인한 수입비용 상승률=0.2 0.1=0.02이므로 국내가격은 2% 올라간다. 그런데 환율 10% 상승은 수출재 가격을 10% 인하하는 효과가 있다. 따라서 전체적으로 수출재 가격은 8% 낮아진다.

04. 어떤 개도국이 선진국으로부터 생산에 필수적인 자본재를 수입하고, 1차 상품을 수출한다고 하자. 이 나라가 평가절하(환율 인상)를 하면 무역수지가 개선될까?

📋 수입재인 자본재와 수출재인 1차 상품의 수요탄력성이 모두 비탄력적이다. 이 경우 비탄력적인 수요탄력성 때문에 환율이 인상되어도 무역수지 개선 효과를 기대하기 어렵다.

05. 다음 물음에 답하라.

1) 정부의 예산 적자가 증가하면, 저축과 무역수지에는 어떤 변화가 생기는가?

2) 소국보다 대국에서 재정정책의 영향력은 더 커진다. 그 이유는 무엇인가?

3) 평가절하에 의한 무역수지 개선효과는 단기보다 장기에서 더 크다. 그 이유는 무엇인가?

📋 1) 정부재정지출 증가는 소득을 증가시킨다. 소득 증가로 저축은 증가한다. 또 소득이 증가하면 수입이 증가하므로 무역수지는 악화된다.

2) 재정지출이 증가하면 승수효과만큼 소득이 증가하고, 소득 증가로 수입이 증가한다. 소국에서는 수입 증가가 상대국에 영향을 미치지 못하지만, 대국에서는 수입 증가가 상대국의 소득을 증가시키고 이는 다시 상대국의 우리 제품에 대한 수요를 늘려서 추가적으로 소득이 증가해간다. 따라서 대국에서 승수효과가 더 크다.

3) 평가절하는 재화가격을 바꾸어 수출과 수입에 영향을 미쳐서 무역수지를 개선시키는 효과가 있다. 그런데 단기보다는 장기로 갈수록 가격탄력성이

높아지는 경향이 있어서 장기에 무역수지 개선 효과가 더 커진다. 그리고 J-곡선효과에서 보듯이 재화가격이 변하더라도 수요와 공급이 즉각적으로 반응하지 않기 때문에 단기적으로 무역수지 개선효과가 크지 않지만, 장기적으로 수요와 공급이 반응하기 때문에 무역수지 개선효과가 커지게 된다. 또 환율의 가격전가이론에서 보듯이, 평가절하로 환율이 상승하더라도 단기적으로는 환율 상승분만큼 재화가격에 반영되지 않는 경향이 있기 때문에 무역수지 개선 효과가 생각보다 크지 않다. 하지만 장기적으로 평가절하에 의한 환율 변화분이 가격에 반영되면 무역수지 개선효과가 더 커질 것이다.

06. 1985년 플라자협정으로 엔화가치가 상승하면서 일본 엔화에 대한 원화가치가 급속히 하락하였다. 이와 같이 엔화에 대한 환율의 상승이 한국경제에 미치는 영향에 대한 다음 물음에 답하라.

1) 엔화에 대한 환율 상승으로 한국의 수출은 어떻게 될까?

2) 엔화에 대한 환율 상승에도 대일본 무역수지가 개선되지 않는다면 이를 어떻게 설명할 수 있는가?

3) 사람들이 앞으로 엔화에 대한 환율이 더 올라갈 것으로 예상하면, 이것이 한국과 일본 간의 자본이동에 미치는 영향은?

🔁 1) 엔화에 대한 환율 상승으로 일본 제품에 비해 상대적으로 한국 제품의 가격이 낮아지므로 한국의 수출이 증가할 것이다. 특히 미국 등 제3국 시장에서 일본 수출품과 한국 수출품의 유사성이 높다면, 한국의 수출은 더 많이 증가할 것이다.

2) 한국이 일본에서 수입하는 자본재나 중간재는 수요탄력성이 낮은 편이다. 따라서 가격이 변하더라도 수요의 변화가 크지 않아 환율이 상승하더라도 무역수지 개선효과가 작다. 또 J-곡선 효과에서 보듯이, 환율 변화에 의한 수출과 수입의 효과가 단기에서는 잘 나타나지 않기 때문이다.

3) 환율 상승이 예상되면, 외국 예금의 기대수익률이 올라가므로 한국에서 일본으로 자본이 이동한다.

16 통화량, 이자율과 환율

복습문제

01. 소득과 이자율은 각각 화폐수요에 어떤 영향을 미치는지 설명하라.

> 케인즈는 사람들의 화폐보유 동기를 거래적 동기, 예비적 동기, 투기적 동기로 나눈다. 소득이 많은 사람일수록 거래를 위해 더 많은 화폐를 보유하고자 하고(거래적 동기), 또 소득이 많은 사람일수록 예기치 못한 지출에 대비하기 위해 더 많은 화폐를 보유(예비적 동기)하고자 하므로 화폐수요는 소득의 증가함수이다. 그리고 화폐 대신 주식, 채권, 예금 등에 투자하면 이자 수익을 얻는데, 화폐로 보유하면 이자 수익을 얻지 못하므로 다른 자산의 수익률이 올라갈수록 사람들은 화폐보유(투기적 동기)를 줄이고자 하므로 화폐 수요는 이자율의 감소함수이다.

02. 화폐시장과 외환시장은 무엇을 매개로 하여 서로 연결되어 있는가?

> 화폐시장에서 화폐에 대한 수요와 공급에 의해 이자율이 결정된다. 그리고 외환시장에서 자국 예금 수익률과 외국 예금 기대수익률이 일치할 때 균형환율이 결정된다. 그런데 화폐시장에서 결정되는 이자율과 자국 예금 수익률이 같으므로, 이자율의 변화가 외환시장에서 환율 변화에 영향을 미치게 된다. 따라서 이자율이 화폐시장과 외환시장을 연결하는 매개 변수가 된다.

03. 통화공급량의 증가는 이자율과 환율에 어떤 영향을 미치는가?

　📋 통화공급량이 증가하면 화폐시장에서 화폐의 초과공급이 발생하여 이자율이 내려간다. 국내 이자율 하락으로 자국 예금의 수익률이 낮아지면, 사람들이 상대적으로 수익률이 높은 외국 예금을 선호하게 되므로 외국에 예금하기 위해 외환 수요가 증가한다. 외환수요 증가는 환율을 인상시킨다. 이처럼 통화공급량이 증가하면 자국의 환율이 올라가게 된다.

04. 통화공급량이 증가할 때, 환율이 단기와 장기에 걸쳐 어떻게 변해가는지 그 조정과정을 설명하라.

　📋 통화공급량이 증가하면 이자율이 낮아진다. 국내 이자율이 내려가면 자국 예금수익률이 하락하므로 외국에 예금하고자 외환수요가 증가하고 이로 인해 환율이 올라간다. 이는 일회적인 통화량 증가의 결과이다.

　　그런데 통화량 증가가 지속되는 경우에는 앞으로 환율이 상승할 것임을 사람들이 알고 있기 때문에 정책 발표 시점에 예상환율이 상승한다. 예상환율 상승은 외국 예금 기대수익률을 높여서 외환에 대한 수요가 더 많이 증가하고, 이로 인해 환율이 더 많이 증가한다. 다시 말해서, 통화공급량 증가가 지속적인 경우에는 일회적인 통화량 증가에서보다 환율 상승폭이 더 커진다.

　　장기적으로는 통화공급량이 증가하면 물가가 상승한다. 물가는 통화량 증가율과 같은 비율로 상승하므로 장기 균형에서 실질화폐공급량(M^s/P)은 통화량이 증가하기 이전의 실질화폐공급량과 같아진다. 실질화폐공급량이 다시 초기 수준으로 감소해가므로 여기에 맞춰 이자율은 초기 수준으로 상승해간다. 이자율이 상승하므로 환율은 하락하게 된다. 장기균형에서 환율은 단기균형에서의 환율보다는 낮지만, 초기 환율보다는 높다. 이자율이 초기 수준으로 복귀했는데도 환율이 초기 환율보다 높은 것은 통화공급량 증가의 초기 시점에서 사람들의 예상환율 상승으로 인한 환율 상승분 때문이다.

05. 환율의 오버슈팅이란 무엇이고, 왜 이런 현상이 나타나는지 설명하라.

　📋 통화공급량이 증가하면 환율이 올라가는데, 장기보다는 단기에서 환율이 더 많이 올라간다. 이와 같이 환율의 즉각적인 반응이 장기적인 반응보다 더 커지는 현상을 환율의 오버슈팅(overshooting)이라고 한다. 오버슈팅이 발생하는 이유는 물가수준이 장기적으로는 신축적이지만 단기적으로는 경직적이기 때문이다. 예를 들어, 통화공급량 증가에 대해 환율은 즉각적으로 반응하여 바로 상승하게 된다. 그런데 통화량이 증가하였기 때문에 장기적으로 물가가

서서히 상승해 가면 실질통화공급량이 원래의 수준으로 돌아오면서 다시 환율이 하락하게 된다. 즉 단기적으로 상승했던 환율이 장기 균형환율 수준으로 낮아지게 된다.

만일 통화공급량 증가 시에 물가수준이 즉각적으로 올라간다면, 예상환율만 바뀌고 실질통화공급량은 변하지 않으므로 오버슈팅이 발생하지 않는다. 오버슈팅은 자산가격과는 달리 재화가격이 서서히 변하기 때문에 나타나는 현상이다.

연습문제

01. 2002년 이후 정부의 권장으로 신용카드 사용이 일반화되었다. 이는 화폐에 대한 수요에 어떤 영향을 미치는가? 또 이러한 화폐수요의 변화는 단기적으로 환율에 어떤 영향을 미치는가?

📋 사람들이 화폐를 보유할 필요성이 줄어서 화폐에 대한 수요가 줄어든다. 화폐에 대한 수요 감소는 화폐시장에서 초과공급을 가져와 이자율이 낮아지고, 국내 이자율 하락은 환율 상승 요인이 된다(이자율평형조건 참조).

02. "국제수지 흑자가 지속되면 인플레이션이 일어날 가능성이 높아진다. 중앙은행은 이를 억제하기 위해 통화공급량을 조절하는 수단을 강구해야 한다." 이를 설명하라.

📋 중앙은행의 본원통화는 국내여신과 순외화자산으로 구성된다. 국제수지 흑자는 외화자산을 늘려서 통화공급량을 증가시키고 이는 인플레이션의 요인이 된다. 중앙은행은 인플레이션 압력을 억제하기 위해 통화안정증권의 판매 등을 통해 국내여신을 줄일 수 있다.

03. 외환시장에서 중앙은행의 외환거래량은 다른 시장참여자에 비해 그 규모가 매우 작다. 그러나 환율의 결정에는 다른 참여자보다 영향이 크다. 그 이유는 무엇인가?

📋 중앙은행의 외환시장 개입은 그 규모의 크기와는 상관없이 사람들의 환율 변화 예상에 큰 영향을 미친다. 그 이유는 중앙은행이 환율정책을 집행하는 주

체이기 때문이다.

04. 화폐의 유통속도 $V=5$이고, 명목 GNP가 500이라고 가정하고 다음 물음에 답하라. 화폐의 유통속도는 '명목GNP/명목통화량'이다.

1) 이 나라의 화폐수요량은 얼마인가?

2) 마샬의 k는 얼마인가?

3) 명목 GNP가 600으로 증가하면, 화폐수요량은 얼마가 더 증가하는가?

4) 명목 GNP가 매년 10%씩 증가하는 경우, 이 국가의 화폐수요는 어떻게 되겠는가?

답 1) $MV=PY$인데, 문제에서 $V=5$이고, 명목소득 $PY=500$이므로 화폐에 대한 수요 M은 100이 된다.

2) $M=kPY$이므로 k는 V의 역수임. 따라서 $k=0.2$이다.

3) $MV=PY$에서 V는 5로 일정한데 $PY=600$이므로 화폐수요량 M이 120이 된다. 따라서 화폐수요량은 20 증가한다.

4) $MV=PY$에서 유통속도 V가 일정하다면, 화폐수요는 명목 GNP와 같은 비율로 변한다. 따라서 화폐에 대한 수요는 매년 10%씩 증가한다.

05. IMF 자료에 의하면, 2004년에 통화공급량(M2) 증가율이 선진국 평균은 5.1%, 개도국 평균은 16.6%이고, 소비자물가상승률은 선진국 평균이 2.0%, 개도국 평균이 5.7%이다. 다음 물음에 답하라.

1) 어느 그룹에서 실질통화공급량이 더 많이 증가하였는가?

2) 통화공급량 변화율에 비해 상대적으로 물가상승률이 낮은 그룹은?

3) 통화공급량과 물가상승률이 일치하지 않는 이유는 어떻게 설명되는가?

답 1) 실질 통화공급량 변화율이 선진국 = 5.1−2.0 = 3.1%, 개도국 = 16.6−5.7 = 10.9%로 개도국에서 실질통화공급량이 더 많이 증가하였다.

2) '물가상승률/통화공급량증가율'의 비율이 선진국 = 2.0/5.1 = 39.2%이고, 개도국 = 5.7/16.6 = 34.3%이므로 통화공급량 증가율에 비해 물가상승률이 상대적으로 더 낮은 그룹은 개도국이다.

3) 첫째, 단기적으로 물가가 경직적이기 때문이다. 둘째, 불완전고용 상태에 있는 경제에서는 통화공급량이 증가하면 실질소득이 불변이 아니라 증가하기 때문이다. $MV=PY$을 보면, 통화공급량(M) 증가 시 실질소득(Y)이 같이 증가하면 물가(P)는 통화공급량보다 더 낮은 비율로 증가하게 됨을 알 수 있다.

06. 불완전고용 상태에 있는 경제에서 통화공급량이 2배 증가하여 완전고용소득수준에 도달했다고 하자. 초기 이자율이 장기이자율 수준이었다면, 물가수준은 얼마만큼 변하는가?

🔑 불완전고용 상태에서는 화폐공급량이 증가하면 실질소득이 증가한다. 화폐시장 균형식인 $M/P=L(r, Y)$을 보면, 이자율(r)이 불변이고 Y가 불변이면, 통화량(M)이 증가할 때 물가(P)는 통화량과 같은 비율로 증가한다. 그런데 이자율 (r)이 불변인 상태에서 M 증가로 인해 생산량(Y)이 증가하였다면, 물가 P는 통화공급량 증가율인 2배보다 더 적게 증가하게 된다.

07. 통화공급량이 증가하면 단기적인 환율변화가 장기적인 환율변화보다 커지는 오버슈팅 현상이 나타난다. 만일 통화공급량 증가가 실질생산량을 즉각 증가시킨다면, 이는 환율의 오버슈팅에 어떤 영향을 미치는가?

🔑 그림에서 통화공급량이 M^1에서 M^2로 늘어날 때 생산량의 변화가 없는 경우에는 이자율이 r_3까지 낮아지지만, 생산량이 증가하면 화폐수요곡선이 우측으로 이동하므로 이자율이 r_2까지 더 적게 하락한다. 통화공급량이 증가하면 사람들이 환율 상승을 예상하므로 외국예금 기대수익률곡선이 위로 이동한다. 그리고 그림에서 보듯이 생산량이 증가하지 않은 경우에는 환율이 e_3까지 올라가는데, 생산량이 증가한 경우에는 환율이 e_2까지 올라간다. 하지만 장기적으로 실질통화공급량과 실질생산량이 장기균형 수준으로 돌아오면 어느 경우든지 장기균형환율은 e_4에서 결정된다. 즉, 오버슈팅에 의한 단기에서 장기로의 환율변화가 생산량이 변하지 않은 경우에는 e_3에서 e_4가 되는데, 생산량이 증가하는 경우에는 e_2에서 e_4가 된다. 즉, 생산량이 즉각적으로 증가하면 환율의 오버슈팅 정도가 더 적어짐을 알 수 있다.

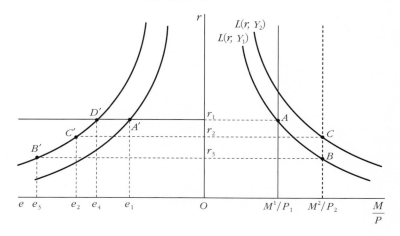

08. 세계 이자율의 상승이 소규모 개방경제 중앙은행의 준비자산, 화폐공급량에 미치는 효과는 무엇인가? 중앙은행은 공개시장조작으로 통화공급량 변화를 상쇄시킬 수 있는가?

🔲 세계 이자율이 올라가면 소국의 자본이 해외로 유출되어 중앙은행의 준비자산이 줄어들고, 통화공급량이 감소한다. 통화공급량 감소를 상쇄하기 위해서는 국공채를 매입하여 통화량 공급을 늘려야 한다. 그런데 국내채권과 해외채권이 완전대체재라면, 소국의 이자율이 세계 이자율 수준으로 올라가지 않는 한 자본 유출이 계속되므로 공개시장조작으로 통화량 감소를 상쇄하고자 하는 정책은 성공할 수 없다. 즉, 소국의 이자율이 세계 수준으로 올라갈 수밖에 없다.

17 개방경제의 일반균형과 거시경제정책의 효과

 복습문제

01. DD곡선은 무엇을 나타내는지 설명하라.

📑 DD곡선은 생산물시장의 균형을 나타내는 곡선이다. 이 곡선은 환율과 생산량 평면에 표시되면 우상향하는 곡선이 된다. 일반적으로 총수요를 증가시키는 요인은 DD곡선을 우측으로 이동시키고, 총수요를 감소시키는 요인은 DD곡선을 좌측으로 이동시킨다.

조세 T의 감소, 투자수요 I의 증가, 국내물가 P의 감소, 해외물가 P^*의 증가는 모두 국내 총수요를 증가시킨다는 점에서 정부지출 G의 증가와 마찬가지로 DD곡선을 우측으로 이동시킨다. 반대로 조세 T의 증가, 투자수요 I의 감소, 국내물가 P의 증가, 해외물가 P^*의 감소는 모두 국내 총수요를 감소시킨다는 점에서 DD곡선을 좌측으로 이동시킨다.

앞서 설명한 요인 이외에도 국내소비자들의 소비성향이 증가하면 국내 총수요가 증가하므로 DD곡선이 우측으로 이동한다. 또 사람들의 소비패턴이 수입재보다는 국산품을 선호하는 형태로 변하면 국내총수요가 증가하므로 DD곡선은 우측으로 이동한다. 외국인들의 우리 제품에 대한 선호가 증가하여 수출이 증가하는 경우에도 DD곡선은 우측으로 이동한다. 그러나 반대로 내국인이나 외국인들의 소비패턴이 국내재화에 대한 소비가 감소하는 형태로 바뀌면, 국내총수요가 감소하므로 DD곡선이 좌측으로 이동한다.

02. *AA*곡선은 무엇을 나타내는지 설명하라.

📋 *AA*곡선은 자산시장의 균형을 나타내고, 자산시장 균형은 외환시장과 화폐시장의 동시적 균형을 말한다. *AA*곡선은 생산량과 환율 평면에 그려지며, *AA*곡선은 우하향하는 곡선이 된다.

화폐시장과 외환시장에 영향을 미치는 외생변수의 변화는 모두 *AA*곡선을 이동시킨다. 화폐시장에서 국내 이자율을 올리는 요인은 *AA*곡선을 아래로 이동시키고, 외국 예금의 기대수익률을 높이는 요인은 *AA*곡선을 위로 이동시킨다. 통화공급량이 증가하거나 국내 물가수준 P가 내려가면 *AA*곡선이 위로 이동한다. 또 사람들의 외생적 화폐수요가 증가하면 *AA*곡선이 아래로 이동한다. 예상환율(e^e)이 올라가거나 외국이자율(r^*)이 올라가면, *AA*곡선이 위로 이동하고, 반대로 외국예금 기대수익률을 낮추는 요인은 환율을 하락시키므로 *AA*곡선을 아래로 이동시킨다.

03. 지속적인 재정정책과 일시적인 재정정책의 효과 사이에는 어떤 차이가 있는가?

📋 일시적으로 재정지출이 증가하면 *DD*곡선이 우측으로 이동하여 생산량은 증가하고 환율은 하락한다. 정부지출 증가가 일회적이 아니고 지속된다면, 사람들은 환율 하락을 미리 예상하게 되므로 이런 예상환율 변화가 자산시장에 영향을 미쳐 *AA*곡선을 아래로 이동시킨다. 즉, 일회적인 정부지출의 증가는 *DD*곡선만 이동시키지만, 지속적인 정부지출의 증가는 *DD*곡선과 *AA*곡선을 모두 이동시킨다.

정부지출이 지속적으로 증가하면 *DD*곡선이 우측으로 이동하고, *AA*곡선이 아래로 이동한다. 그 결과 균형점에서 생산량은 다시 원래 수준으로 복귀하고 환율만 내려간다. 즉, 생산량은 변하지 않고 환율만 내려간다. 이처럼 정부지출 증가가 수출 감소로 상쇄되는 현상을 구축효과라고 한다. 재정지출 증가가 일회적일 때도 부분적인 구축효과가 나타나지만, 재정지출 증가가 지속되면 사람들이 환율 하락을 예상함에 따라 완전한 구축효과가 나타난다.

04. 경상수지 균형을 나타내는 *CA*곡선이 우상향함을 설명하라.

📋 경상수지 균형을 나타내는 *CA*곡선은 우상향한다. 그 이유는 다음과 같이 설명된다. 현재 경상수지가 균형인 상태에서 소득이 증가하면 경상수지가 나빠진다. 이를 다시 균형으로 유지하기 위해서는 환율이 올라가야 한다. 이와 같이 소득이 증가할 때 환율이 올라가야 경상수지 균형이 유지되므로 *CA*곡선은 우상향한다. *CA*곡선 이외의 점에서는 경상수지가 불균형인 상태다. *CA*곡선

의 왼쪽은 경상수지 흑자 상태를, *CA*곡선의 오른쪽은 경상수지 적자 상태를 나타낸다.

05. 유동성함정에서 금융정책이 효과가 없는 이유는 무엇인가?

📋 금융정책이 효과를 거두기 위해서는 통화공급량이 증가할 때 이자율이 하락해야 한다. 그러면 이자율 하락으로 투자가 증가하여 소득이 증가하고, 또 이자율 하락에 따른 환율 상승으로(자국 화폐가치 하락으로) 수출이 증가하여 소득이 증가하게 된다. 그런데 명목이자율이 제로(0) 수준에 도달한 상태에서는 통화공급량이 증가해도 이자율이 마이너스(−)가 될 수는 없으므로 더 이상 하락하지 않는다. 이자율이 하락하지 않으니 금융정책이 효과를 거둘 수 없게 된다. 이처럼 이자율이 제로(0) 수준인 상태를 유동성 함정(liquidity trap)이라고 한다.

이자율이 제로(0)이면 채권에서 수익이 발생하지 않으므로 채권보유나 화폐보유나 차이가 없다. 추가적인 통화공급이 이루어지더라도 사람들은 구태여 채권을 보유하려 하지 않는다. 사람들이 채권보유를 늘리지 않으므로 이자율도 더 이상 하락하지 않는다. 이처럼 유동성 함정에서는 통화공급량 증가가 이자율 하락을 가져오지 못하므로 금융정책으로 소득증가 효과를 얻을 수 없게 된다. 유동성 함정을 벗어나는 방법으로는 확장적 재정정책이나 예상환율을 변화시킬 수 있는 금융정책이다.

연습문제

01. *AA*곡선은 화폐시장과 외환시장의 동시균형을 나타낸다. 다음 물음에 답하라.
1) 화폐시장과 외환시장이 어떻게 연결되는지 생각해보라.
2) *AA*곡선을 이용한 모형에서는 일반적으로 국가 간 자유로운 자본이동을 전제한다. 근거는 무엇인가?

📋 1) 이자율이 두 시장의 연결고리 역할을 한다. 화폐시장의 불균형은 단기적으로 이자율의 변화에 의해 조정된다. 그리고 국내 이자율 변화는 국가 간 자본이동을 야기하고, 이는 외환에 대한 수요와 공급을 변화시킴으로써 환율에 영향을 미친다. 이와 같이 이자율이 두 시장을 연결한다.

2) AA곡선에서 외환시장의 균형조건은 이자율평형조건을 전제하고 있다. 이자율평형조건은 양국 예금의 기대수익률이 같을 때 외환시장의 균형이 달성됨을 말해준다. 만일 자본이동이 자유롭지 않다면, 양국의 이자율이 다르더라도 자본이 이동하지 못하고 외환에 대한 수요와 공급에 영향을 미치지 못한다. 그러므로 이 경우에는 이자율평형조건에 의해 외환시장 균형이 달성된다고 말할 수 없게 된다.

02. DD곡선이 우상향하는 이유를 설명하라. 그리고 DD곡선을 우측으로 이동시키는 요인은 무엇인가?

🔖 환율이 올라가면 수출 증가와 수입 감소로 총수요가 증가한다. 총수요 증가는 생산량을 증가시킨다. 이처럼 환율 상승은 생산량 증가와 연결되므로 DD곡선은 우상향하게 된다. 환율 이외에 총수요를 증가시키는 요인들이 DD곡선을 우측으로 이동시킨다. 예를 들어, 정부지출 증가, 조세 감소, 수출 증가, 소비 증가 등이다.

03. AA곡선이 우하향하는 이유를 설명하라. 그리고 AA곡선을 우측으로 이동시키는 요인은 무엇인가?

🔖 생산량(소득)이 증가하면 화폐에 대한 수요가 증가하여 이자율이 올라간다. 자국 이자율이 올라가면 외환이 유입되어(외환의 공급이 늘어) 환율이 내려간다. 이처럼 생산량의 증가가 환율 하락으로 연결되므로 AA곡선은 우하향하게 된다. 화폐시장에서 이자율을 하락시키는 요인(통화공급량의 증가나 화폐에 대한 수요 감소 등)이나 외국 예금의 기대수익률을 높이는 요인(예상환율의 상승, 외국 예금 이자율의 상승 등)이 AA곡선을 우측으로 이동시킨다.

04. DD곡선은 생산물 시장의 균형, AA곡선은 외환시장과 화폐시장의 균형을 나타내는 곡선이다. 그런데 $DD-AA$모형을 단기모형이라고 하는 이유는 무엇인가?

🔖 $DD-AA$모형에서는 물가의 변화가 없음을 가정하기 때문이다. 정부지출이 증가하거나 통화공급량이 증가하면, 장기적으로 물가가 변한다. 만일 물가가 변하면, 이는 다시 DD곡선과 AA곡선을 이동시키게 된다. 예를 들어, 물가가 올라가면 실질환율이 낮아지므로 총수요가 감소하여 DD곡선은 왼쪽으로 이동한다. 또 물가가 올라가면 실질통화공급량이 줄어들므로 AA곡선은 아래로 이동한다. $DD-AA$모형은 이러한 물가의 변화를 고려하지 않기 때문에 단기모형이라고 한다.

05. 다음과 같은 변화가 있을 때, 환율과 생산량에 미치는 단기적 효과를 $DD-AA$ 모형을 이용해 설명하라.

1) 정부지출의 증가

2) 조세의 증가

3) 조세 증가와 동시에 같은 양만큼 정부지출 증가

4) 사람들이 앞으로 환율이 올라갈 것으로 예상하는 경우

📋 1) DD 곡선이 우측으로 이동하여 환율은 내려가고 생산량은 증가한다.

2) DD 곡선이 좌측으로 이동하여 환율이 올라가고 생산량은 줄어든다.

3) DD 곡선이 우측으로 이동한다. 그 이유는 다음과 같다. 예를 들어, 정부가 100원의 세금을 거둬 100원을 지출하는 경우, 한계소비성향이 0.8이라면 100원의 세금 때문에 줄어드는 민간부문의 수요 감소는 '$100 \times 0.8 = 80$원' 인데 비해 정부는 100원을 모두 지출하므로 총수요는 $100 - 80 = 20$만큼 증가한다. 따라서 DD 곡선은 우측으로 이동하고, 그래서 환율은 하락하고 생산량은 증가한다.

4) 외국예금 기대수익률이 올라가서 AA 곡선이 위로 이동한다. 그 결과 환율이 올라가고, 생산량이 증가한다.

06. 통화공급량이 지속적으로 증가할 때, 환율의 장기 및 단기 변화를 설명하시오. 그 차이가 발생하는 이유는 무엇인가?

📋 통화공급량이 지속적으로 증가하는 상황에서는 사람들이 앞으로 환율이 상승할 것으로 예상한다. 이 경우 단기적으로는 통화공급량 증가 요인과 예상환율 상승 요인으로 인해 AA 곡선이 우측으로 이동한다. 그래서 환율이 상승한다.

통화공급량의 지속적 증가는 장기적으로 물가를 상승시킨다. 물가가 상승하면 DD 곡선과 AA 곡선이 모두 좌측으로 이동한다. 그 결과 환율이 하락하므로 장기 환율은 단기 환율보다 낮아지게 된다. 이처럼 장단기 균형환율에 차이가 나는 이유는 단기에서는 물가가 불변이나 장기에서는 물가가 변하기 때문이다.

07. 부록의 식을 이용해 DD곡선의 기울기가 항상 CA곡선의 기울기보다 더 경사짐을 설명하라.

📋 (17A.7)식에서 DD곡선의 기울기는 $\left.\dfrac{de}{dY}\right|_{DD} = \dfrac{(1-c-CA_Y)}{CA_e} > 0$이고, (17A.11)식에서 CA곡선의 기울기는 $\left.\dfrac{de}{dY}\right|_{CA} = -\dfrac{CA_Y}{CA_e} > 0$이다. DD곡선의 기울기 값이 CA곡선보다 $\dfrac{(1-c)}{CA_e} > 0$만큼 더 큼을 알 수 있다. 이처럼 DD곡선 기울기 값이 CA곡선보다 더 크므로 DD곡선이 AA곡선보다 더 경사진 형태가 된다.

18 고정환율제도, 자본이동 제약과 거시경제정책

복습문제

01. 고정환율제도에서는 중앙은행의 통화공급량 결정이 독립적이지 못한 이유는 무엇인가?

> 📋 고정환율제도에서는 환율이 변동하지 않기 때문에, 사람들의 예상환율은 항상 현재 환율과 같다. 즉, $e^e = e$이므로 고정환율제도에서 이자율평형조건은 $r = r^*$이 된다. 이는 고정환율제도를 유지하기 위해서는 중앙은행이 국내이자율을 해외이자율과 같은 수준으로 맞추어야 함을 뜻한다. 어떤 환율제도에서든지 이자율평형조건이 외환시장의 균형 조건이지만, 작동 원리는 서로 다르다. 변동환율제도에서는 통화공급량이 변하면 환율이 변하여 이자율평형조건이 충족되는 반면, 고정환율제도에서는 환율을 고정시키기 위해 통화공급량이 조절되어 이자율평형조건이 충족된다. 이처럼 고정환율제도에서는 통화공급량이 정책변수가 아니라 내생변수가 된다. 그래서 고정환율제도에서는 독립적인 금융정책 시행이 불가능하게 된다.

02. 자본이동에 제약이 있을 때, AA곡선이 완만해지는 이유는 무엇인가?

> 📋 자본이동에 제약이 있으면 AA곡선이 완만하게 변해간다. 예를 들어, 자본규제가 극심하여 국가 간 자본이동이 전혀 허용되지 않는 나라에서는 다른 국가의 이자율이 높더라도 외환의 유출입이 없어서 환율이 변하지 않기 때문에

AA곡선은 주어진 환율 수준에서 수평선이 된다. 그리고 자본이동이 완전히 자유로우면 교과서에서 보는 AA곡선의 모양이 된다. AA곡선은 자본이동에 대한 제약 정도에 따라 그 기울기가 달라진다. 자본이동의 제약이 클수록 수평선에 가까운 기울기가 된다. 수학적으로 자본이동의 제약이 AA곡선의 기울기에 어떤 영향을 미치는가는 제17장 부록의 식 (17A.10)에 유도되어 있다. 참고하기 바란다.

03. 고정환율제도에서는 확장적 금융정책을 실시해도 소득 증가를 기대하기 어렵다. 이를 $AA-DD$모형을 이용해 설명하라.

🔖 고정환율제도에서는 통화량이 증가하면 AA곡선이 우측으로 이동하여 환율이 상승하게 되므로 중앙은행은 환율 상승을 억제하기 위해 외화자산을 매각한다. 중앙은행의 외화자산 감소는 통화량을 줄이므로 AA곡선이 다시 좌측으로 이동하고, 결국 원래의 수준으로 돌아오므로 생산량은 증가하지 않는다. 이는 자본이동의 제약 여부와 관계없이 고정환율제도에서 공통적으로 나타나는 현상이다. 즉, 고정환율제도에서는 자본이동의 제약 여부와 관계없이 금융정책은 소득을 증가시키지 못한다.

04. 종합균형의 개념과 이를 달성하기 위한 정책수단에 대해 설명하라.

🔖 경제정책의 목표는 대내적으로는 완전고용을 달성하고, 대외적으로는 국제수지 균형을 달성하는 것이다. 대내균형과 대외균형이 동시에 이루어졌을 때 종합균형이 이루어졌다고 한다. n개의 정책목표를 달성하기 위해서는 n개의 정책수단이 필요하다는 틴버겐(Tinbergen)의 정리에 따르면, 대내균형과 대외균형이라는 두 개의 정책목표를 동시에 달성하기 위해서는 최소한 두 개의 정책 수단이 필요하다.

　정부가 사용할 수 있는 정책수단으로는 금융정책, 재정정책, 환율정책이 있다. 변동환율제도에서는 환율의 자유로운 변동에 의해 대외균형이 자동적으로 달성되므로 대내균형을 달성하기 위한 수단으로 재정정책이나 금융정책을 사용할 수 있다. 하지만 고정환율제도에서는 금융정책을 시행해도 소득을 증가시킬 수 없으므로 금융정책을 정책 수단으로 사용할 수 없다. 그래서 고정환율제도에서 사용 가능한 정책수단은 재정정책과 환율정책이다. 고정환율제도에서도 경제 상황에 따라 환율을 평가절하(환율인상) 또는 평가절상(환율인하)할 수 있으므로 환율이 정책수단이 된다.

05. *DD−AA* 모형과 *IS−LM* 모형은 어떤 점에서 차이가 있는가?

 📖 두 모형 모두 개방경제의 거시경제 일반균형모형이다. 생산물시장, 외환시장, 화폐시장이 동시에 균형을 이룰 때, 우리는 거시경제의 일반균형이 달성되었다고 한다. 일반균형은 수학적으로 위의 세 개의 연립방정식에서 세 개의 미지수의 해를 찾는 문제다. 세 개의 미지수는 Y(소득), e(환율), r(이자율)이다.

 이 문제를 풀기 위해 *DD−AA*모형에서는 재화시장의 균형을 *DD*곡선으로, 외환시장과 화폐시장의 균형을 *AA*곡선으로 표시한다. *IS−LM*모형에서는 재화시장과 외환시장의 균형을 *IS*곡선으로, 화폐시장의 균형을 *LM*곡선으로 표시한다. *DD−AA*모형은 Y와 e를 중심으로 미지수의 해를 찾아가는 방식이고, *IS−LM*은 Y와 r을 중심으로 미지수의 해를 찾아가는 방식이라는 점에 차이가 있다.

 그리고 *IS−LM*모형과 *DD−AA*모형의 또 다른 차이점은 투자함수에 대한 가정에 있다. *IS−LM*모형은 투자가 이자율의 감소함수라고 가정하는데 비해, *DD−AA*모형은 투자가 독립적이라고 가정한다. 투자가 독립적이라는 것은 투자 결정에서 투자비용인 이자율(r)보다는 미래에 대한 전망을 더 중요하게 생각한다는 뜻이다.

 개방거시경제에서는 환율이 주요 경제변수인데, 이를 확인하는 데는 *DD−AA*모형이 편하다. *DD−AA*모형은 Y와 e의 좌표를 이용하는데 비해, *IS−LM*모형은 Y와 r의 좌표를 이용하기 때문이다. *IS−LM*모형에서는 *IS−LM*곡선을 이용해 균형이자율을 찾은 후, 이를 외환시장 균형조건에 대입하여 균형환율을 구하게 된다. 따라서 환율 변화를 확인하는 데는 환율을 좌표로 사용하는 *DD−AA*모형이 편리하다.

연습문제

01. 실제 정책에는 아직 아무런 변화도 없는데 모든 사람들이 앞으로 확장적 통화정책을 실시할 것으로 예상한다고 하자. 이와 같은 기대는 환율과 생산량에 어떠한 영향을 미치는가?

 📖 확장적 통화정책을 실시하면 환율이 올라간다는 것을 알고 있기 때문에, 앞으로 확장적 통화정책이 실시될 것으로 예상하면, 예상환율이 올라가게 된다.

예상환율의 상승은 AA곡선을 위로 이동시킨다. 그 결과, 환율이 올라가고 생산량이 증가한다.

02. 중국의 경제성장이 우리나라의 소득과 환율에 미치는 영향을 $DD-AA$모형으로 설명하라.

■ 중국의 경제성장으로 소득이 증가하면 수입이 늘고, 따라서 우리나라의 수출이 증가한다. 이는 DD곡선을 우측으로 이동시켜 우리나라의 생산량이 증가하고 환율이 하락한다. 환율하락으로 수출이 감소하는 효과가 있지만, 애초의 수출증가를 완전히 상쇄하지는 않아서 생산량이 증가한다.

03. 자본자유화가 이루어져 있고, 고정환율제도를 실시하고 있는 국가에서 불황이 지속되자 경제회복을 위해 평가절하를 실시하기로 결정했다. 이는 경제회복에 도움이 되는가?

■ 고정환율제도에서 평가절하로 환율을 인상시키기 위해서는 국내 통화공급량을 증가시켜야 한다. 평가절하를 하면, 확장적 통화정책이 수반되고, 또 환율 상승으로 수출이 늘고 수입이 줄어서 총수요가 증가하므로 생산이 증가하고 고용이 증가한다(본문의 [그림 18-3]을 참조하라). 따라서 평가절하는 경제회복에 도움이 된다.

04. "우리나라는 자본 이동이 자유롭기 때문에 재정지출이 늘더라도 이자율이 상승하지 않을 것이므로 투자 감소로 인한 구축효과가 없다. 따라서 정부지출의 증가가 수요를 증가시켜 산출의 증가를 가져올 것이다. 그러므로 우리나라의 경기 회복에는 확장적 재정정책이 통화정책보다 효과가 더 크다." 환율제도와 관계없이 이러한 주장은 타당한가?

■ 1) 먼저 고정환율제도에서는 재정지출이 증가하면 DD곡선이 우측으로 이동하여 산출이 증가하고 환율 하락의 압력이 작용한다. 환율 하락을 방어하기 위해 중앙은행이 외환을 매입하므로 통화공급량이 증가하여 AA곡선이 우측으로 이동한다 (본문의 [그림 18-1]참조). 또한 고정환율제도에서는 환율이 변하기 않으므로 예상환율이 현재환율과 같아서 이자율평형조건은 $r = r^*$이 된다. 즉, 자국의 이자율이 세계 이자율 수준에서 결정되고 변하지 않으므로 투자감소의 구축효과는 없다. 결과적으로 정부지출 증가에 의한 생산량 증가 효과가 변동환율제도에서보다 고정환율제도에서 더 크다. 반면에 고정환율제도에서는 통화정책의 국민소득 증가 효과는 없다. 따라서

고정환율제도에서는 재정정책의 효과가 더 크다.

2) 다음으로 변동환율제도에서는 정부지출이 증가하면 DD곡선이 우측으로 이동하여 환율이 하락하고 생산량이 증가한다. 그런데 생산량 증가분이 고정환율제도에서보다는 더 적다. 그 이유는 다음과 같다. 정부지출 증가로 생산량(소득)이 증가하면 이는 화폐에 대한 수요를 증가시켜 이자율이 상승한다. 이자율 상승으로 투자가 감소하고, 또 환율 하락으로 수출이 감소하므로 이 두 요인의 구축효과가 나타나 고정환율제도에서보다 소득이 더 적게 증가하게 된다. 그리고 변동환율제도에서는 통화정책도 생산량 증가 효과가 있으므로 재정정책이 더 효과적이라고 말할 수는 없다.

05. 자본이동이 자유로운 세계에서 상대국의 이자율 인상이 국내경제에 미치는 영향을 환율제도와 관련하여 설명하라.

🖋 1) 고정환율제도: 상대국의 이자율 상승은 AA곡선을 위로 이동한다. 상대국의 이자율이 상승하면 외국 예금을 선호하므로 외화 유출을 가져와 환율이 상승하기 때문이다. 중앙은행은 환율 상승 압력을 억제하고 환율을 고정시키기 위해 외환을 매각하게 된다. 이는 국내 통화공급량을 줄이므로 AA곡선은 다시 원래의 위치로 복귀하고 환율도 기존 환율로 되돌아온다([그림 1] (a) 참조). 통화공급량의 감소로 국내 이자율은 해외이자율 수준으로 상승한다(고정환율제도의 이자율평형조건 $r=r^*$이 충족된다([그림 1] (b)에서 이자율이 r_2가 됨). 그리고 $DD-AA$모형에서는 이자율의 변화가 투자에 영향을 미치지 않는다고 가정하고 있기 때문에 이자율이 올라가도 투자가 변하지 않으므로 DD곡선은 변하지 않는다. 이처럼 AA곡선은 원래의 위치로 복귀하고, 상대국 이자율이 올라가도 DD곡선은 변하지 않으므로 소득은 변하지 않는다. [그림 1]의 (a)의 A점, (b)의 C점이 최종 균형점이 된다.

[그림 1] $DD-AA$모형

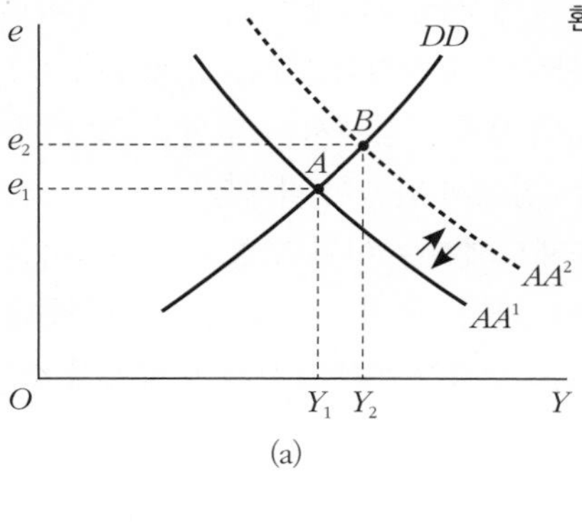

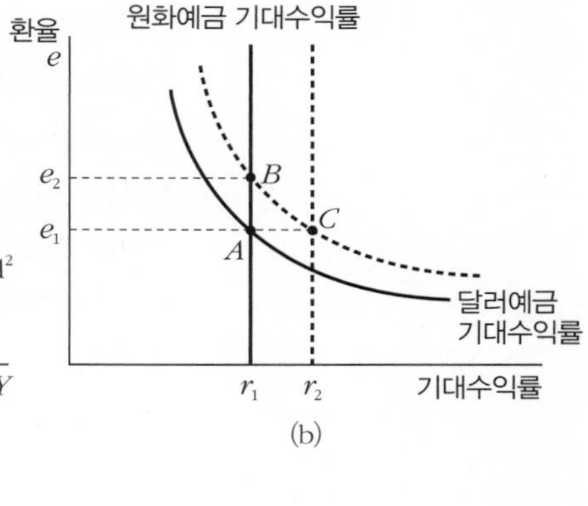

그러나, *IS*–*LM*모형의 결론은 약간 다르다. 상대국의 이자율이 올라가면 *IS*곡선이 우측으로 이동한다(부록 '18A.5'식 참조). 그리고 상대국의 이자율이 올라가면 외국예금 기대수익률이 올라가므로 외환이 유출되어 환율이 상승하게 된다([그림 2]의 좌측 *C*점). 환율상승을 억제하기 위해 중앙은행은 보유외환을 팔아야 하므로 통화공급량이 감소한다. 통화공급량의 감소로 *LM*곡선이 좌측으로 이동한다. 최종적으로는 이자율은 상승하고 소득은 감소한다([그림 2]의 우측 *B*점). 이처럼 *IS*–*LM*모형에서는 *DD*–*AA*의 결론과 달리 생산량이 감소한다. 이는 *IS*–*LM*모형에서는 투자가 이자율의 감소함수라고 보기 때문이다. 상대국의 이자율 상승하면 그림의 *B*점과 같이 자국의 이자율이 올라가므로 투자가 감소하여 자국의 생산량이 감소하게 되는 것이다.

[그림 2] *IS*–*LM*모형

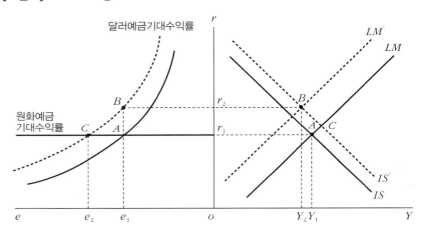

2) 변동환율제도: *DD*–*AA*모형에서는 상대국 이자율(r^*)이 상승하면 *AA*곡선이 위로 이동한다. 그 결과 환율(E)이 올라가고, 생산량이 증가한다([그림 1] (a)의 좌측 *B*점).

　IS–*LM*모형에서는 상대국 이자율이 상승하면 *IS*곡선이 우측으로 이동하므로 생산량이 증가한다([그림 2]의 우측 *C*점). 그리고 환율은 올라간다([그림 2]의 우측 *C*점에서 수평선을 그어 이 선이 좌측 *B*와 *C*점 사이에서 만나는 점에서 환율이 결정됨).

　변동환율제도에서는 어떤 모형으로 분석하든 환율이 올라가고 생산량이 증가한다. 다만, 국내 이자율이 상승하였기 때문에 투자가 이자율의 감소함수라고 가정하는 *IS*–*LM*의 모형에서 소득 증가분이 더 작을 수 있다고 추정된다.

06. 변동환율제도를 실시하고 있고, 자본이동이 자유로운 국가에서 나타나는 재정정책의 효과에 대해 다음 물음에 답하라.

1) 지속적인 재정지출 증가가 환율과 국민소득에 미치는 효과를 설명하라.

2) 1)번의 경우, 경상수지와 자본수지는 어떻게 변하는가?

3) 지속적인 재정지출 증가와 일시적인 재정지출의 증가의 효과에 어떤 차이가 있는가? 이러한 효과의 차이는 무엇 때문인가?

4) 초기에 불완전고용 상태에 있는 경제에서 지속적으로 재정지출이 증가하면, 1)의 답은 어떻게 수정되어야 하는가?

📋 1) 재정지출 증가로 DD곡선이 우측으로 이동한다. 그리고 지속적인 재정지출 증가로 사람들의 예상환율이 하락하고, 이는 AA곡선을 아래로 이동시킨다. 그림에서 균형점은 C가 되어 환율이 낮아지고, 생산량에는 변화가 없다. 재정지출의 증가에도 불구하고 생산량이 증가하지 않는 이유는 환율하락으로 인한 구축효과 때문이다.

2) CA곡선의 우측인 C점에서 경상수지는 적자 상태이다. C점에서 경상수지가 적자라는 것은 자본수지가 흑자임을 뜻한다. 왜냐하면, C점은 AA곡선상에 있으므로 이 점에서 외환시장(또는 국제수지)은 균형이기 때문이다.

3) 일시적인 재정지출 증가는 DD곡선만 우측으로 이동시킨다. 따라서 균형점은 B점이 되어 환율이 낮아지고 생산량이 증가한다. 지속적인 재정지출 증가 시의 균형점인 C점과는 차이가 있다. 서로 차이가 나는 이유는 재정지출 증가가 일시적인 경우는 사람들의 환율 예상에 영향을 미치지 않아서 AA곡선이 이동하지 않기 때문이다.

4) 초기에 완전고용 수준이었다면 지속적인 재정지출 증가는 생산량에 아무런 영향도 미치지 못한다. 그러나 불완전고용 상태에 있는 국가에서 재정지출이 증가하면 생산량이 증가하게 된다. 통화량이 일정할 때 생산량이 증가하면 물가가 하락한다. Y_1의 소득 수준과 C점을 기준으로 할 때, 물가의 하락은 DD곡선과 AA곡선을 모두 우측으로 이동시키고 균형점은 C점의 우측에서 결정된다. 따라서 생산량(소득)이 증가한다. 환율은 DD곡선과 AA곡선의 이동 정도에 따라 결정된다. 여전히 경상수지는 적자이고, 자본수지는 흑자다.

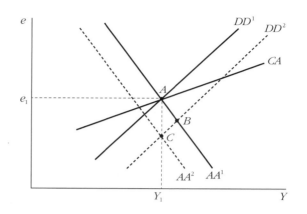

07. 환율제도만이 아니라 자본이동의 제약 정도에 따라 재정정책과 금융정책의 효과에 차이가 있다. 어떤 경우에 재정정책 또는 금융정책의 효과가 커지는가?

　📋　1) 재정정책의 생산량 증가효과는 변동환율제도에서는 자본이동에 제약이 있을수록 그 효과가 커지고, 고정환율제도에서는 자본이동 제약과 관계없이 효과가 크다([그림 18-7] 참조할 것).

　　　2) 금융정책의 생산량 증가효과는 변동환율제도에서는 자본이동이 자유로울수록 그 효과가 커지고, 고정환율제도에서는 자본이동 제약과 관계없이 정책효과가 없다([그림 18-8] 참조할 것).

08. 고정환율제도를 유지하고 있는 국가가 실업과 국제수지 적자로 고심하고 있다. 어떤 정책조합이 바람직한가?

　📋　고정환율제도에서 금융정책은 정책효과가 없다. 따라서 정책수단은 재정정책과 환율정책인데, 일반적으로 대내균형의 달성에는 재정정책, 대외균형의 달성에는 환율정책을 실시하는 것이 바람직하다. 따라서 실업문제를 해결하기 위해 재정지출을 늘리고, 국제수지 적자를 개선하기 위해 평가절하(환율 인상)를 실시하는 것이 일반적인 정책 선택이다.

09. 1970년대 후반 미국에서 인플레이션이 치솟자 연방준비은행은 긴축 통화정책을 실시하였다. 그리고 거의 동시에 미국 대통령이었던 레이건은 세금을 줄이고 군비를 확장하는 등 확장적 재정정책을 실시하였다. 이런 정책으로 예상되는 결과를 모형을 이용하여 설명하라.

1) 환율과 이자율은 어떻게 변해 가는가?

2) 경상수지와 금융계정수지에 미치는 영향을 설명하라.

3) 미국의 민간투자에 미치는 영향을 설명하라.

4) 국민소득은?

📋 1) 긴축 통화정책은 *AA*곡선을 좌측으로 이동시키고, 확장적 재정정책은 *DD* 곡선을 우측으로 이동시킨다. 그 결과 환율은 하락한다. 이자율 평형조건으로부터 환율이 하락하면 이자율이 상승함을 알 수 있다. 즉, 당시의 정책으로 인해 환율은 하락하고(달러의 고평가), 이자율은 상승함을 알 수 있다.

이를 *IS*–*LM*모형으로 설명하면, 긴축 통화정책으로 *LM*은 좌측 이동, 확장적 재정정책으로 *IS*는 우측 이동하므로 이자율은 상승한다. 이자율 상승을 이자율 평형조건에 대입하면 환율은 하락함을 알 수 있다. 이 결과는 *DD*–*AA*모형의 결과와 같다.

2) 1)의 답에서 환율이 하락함을 알았다. 환율 하락은 경상수지를 악화시킨다. 실제로 당시 미국의 경상수지는 크게 악화되었다. 그리고 1)번의 답에서 보듯이 환율 하락과 함께 이자율이 올라서 해외 자본이 미국으로 유입되었다. 실제로 미국 금융계정은 큰 폭의 흑자를 누렸다.

3) 이자율이 올라가서 민간 투자는 위축되었다.

4) 긴축 통화정책은 소득을 감소시키는 효과가 있고, 확장적 재정정책은 소득을 증가시키는 효과가 있다. 어느 효과가 더 큰가에 따라 소득이 증가할 수도 있고 감소할 수도 있다. 당시 미국은 이자율 상승으로 인한 민간투자 감소와 미국 통화가치 상승(환율 하락)으로 인해 경상수지 적자가 확대되었고, 소득이 감소하였다.

19 물가와 환율의 장기적 관계

 복습문제

01. 한국에서 달러로 환산한 빅맥의 가격이 미국의 가격보다 저렴하다면, 빅맥 지수
를 통해 산출한 한국의 *PPP* 환율은 실제 환율보다 높은가, 아니면 낮은가?

> 🗒 한국의 *PPP* 환율은 '원화 표시 빅맥 가격'/'달러 표시 빅맥 가격'로 계산한다.
> 이 *PPP* 환율은 미국의 빅맥 가격과 한국의 빅맥 가격이 같도록 환산해주는 환
> 율이다. 그러므로 *PPP* 환율보다 실제환율이 더 낮으면 원화가 고평가되었다
> 고 보고, 실제환율이 더 높으면 원화가 저평가되었다고 본다.
>
> 문제에서 한국에서 달러표시 빅맥 가격이 미국보다 낮다는 것은 $\frac{P^{\text{₩}}}{e} < P^{\$}$ 임
> 을 뜻한다. 이를 다시 정리하면 $\frac{P^{\text{₩}}}{P^{\$}}(=e^{ppp}) < e$ 가 된다. 즉, *PPP* 환율은 실제환
> 율보다 낮다. 이는 현재 환율이 저평가된 상태임을 나타낸다.

02. 구매력평가설이 현실 세계에서 성립하지 않는 이유는 무엇인가?

> 🗒 구매력평가설이 현실 세계에서 성립하기 어려운 것은 같은 제품이라도 국가
> 마다 가격이 같아질 수 없기 때문이다. 그 이유는 다음의 세 가지로 요약된다.
> 첫째, 국가 간 거래에는 운송비나 관세와 같은 무역장벽이 있어서 교역 가능
> 한 공산품도 국가마다 가격 차이가 있고, 특히 비교역재인 서비스재는 국가마
> 다 가격 차이가 더 크다. 둘째, 기업들이 같은 제품에 대해서 국가마다 서로 다
> 른 가격을 부과하는 가격차별을 시행하면 일물일가의 법칙으로부터 이탈이

일어난다. 셋째, 물가지수 계산에 이용되는 상품바스켓의 구성 상품과 그 가중치가 국가마다 다르다. 즉 물가지수 계산 방법이 국가마다 다르므로 물가지수로 구매력을 비교할 수 없다. 이런 이유들로 인해 두 나라의 구매력을 일치시키도록 환율이 결정된다는 구매력평가설이 성립하기 어렵다.

03. 환율에 대한 화폐적 접근방법에서 통화량, 소득, 이자율이 환율 결정에 미치는 영향을 설명하라.

📋 단기에는 화폐시장의 불균형이 이자율의 변화로 조정되지만, 장기에는 화폐시장의 불균형이 물가의 변화로 조정된다. 예를 들어, 통화공급량의 변화, 이자율의 변화, 소득의 변화로 인해 화폐시장의 불균형이 발생하면 물가가 변하게 되고, 이러한 물가 변화가 환율 변화로 이어진다.

구매력평가설에 화폐시장 균형식을 대입하면 다음과 같다.

$$e = \frac{P}{P^*} = \frac{M/L(r,\ Y)}{M^*/L(r^*,\ Y^*)} = \frac{M}{M^*} \cdot \frac{L(r^*,\ Y^*)}{L(r,\ Y)}$$

이 식을 통해 화폐공급, 이자율, 생산량(소득)의 변화가 환율에 미치는 장기 효과를 예측할 수 있다. 첫째, 자국의 통화량(M)이 증가하면 환율은 올라가고, 반대로 외국의 통화량(M^*)이 증가하면 환율은 내려간다. 둘째, 자국 이자율이 올라가면 환율이 올라가고, 외국 이자율이 올라가면 환율이 내려간다. 셋째, 자국의 생산량(소득)이 증가하면 환율이 내려가고, 외국의 생산량(소득)이 증가하면 환율이 올라간다.

이상의 화폐적 접근방법은 화폐시장의 불균형이 즉각적으로 물가의 신축적인 변화를 가져오고, 물가의 변화가 환율을 변화시킨다는 구매력평가설을 적용하고 있다. 이 모형은 물가의 신축적 변화를 가정하고 있다는 점에서 장기적 상황을 설명하는 모형임을 유념해야 한다.

04. 통화공급량 증가율을 높이겠다는 발표할 때, 통화공급량이 아직 증가하지 않은 상태에서도 환율이 즉각적으로 상승한다. 그 이유는 무엇인가?

📋 통화공급량 증가를 발표하는 시점에는 통화량이 아직 증가한 것이 아닌데, 왜 즉각적으로 물가가 점프하는가? 그 이유는 다음과 같다. 발표 시점에 통화량이 즉시 증가하지 않지만, 앞으로 통화량이 증가할 것이라는 정보로 인해 사람들이 앞으로 인플레이션율이 올라갈 것으로 예상한다. 예상 인플레이션이 상승하면 피셔효과에 의해 명목이자율이 상승하게 된다. 명목이자율의 상승

으로 화폐에 대한 수요가 감소하므로 화폐의 초과공급이 나타나서 물가가 상승한다. 요약하면, 발표 시점에 사람들의 인플레이션에 대한 예상이 상승하면서 물가가 점프하고 아울러 환율이 즉각적으로 상승한다는 것이다.

05. 실질환율과 실질이자율평형조건에 대해 설명하라.

📑 실질환율은 한 나라의 화폐와 외국 화폐의 실질적인 구매력 차이를 나타내는 지표이다. 실질환율은 양국 상품바스켓의 상대가격이며, 다음과 같이 표시된다.

$$q = \frac{eP^*}{P}$$

명목환율이 외국 화폐의 가격을 나타낸다면, 실질환율은 외국 상품 묶음의 가격을 나타낸다. 만일 명목환율이 구매력평가설에 의해 결정된다면, $e = P/P^*$ 이므로, 실질환율 q는 항상 1이 된다.

이자율평형조건에 실질환율과 피셔효과를 반영하여 재정리하면, 다음과 같은 식이 유도된다(유도 과정은 본문을 참조할 것).

$$i^e - i^{*e} = \widehat{q^e}$$

이는 실질변수로 표현한 이자율평형조건이다. 두 국가의 예상 실질이자율의 차이는 예상 실질환율 변화율과 같다는 것이다. 그런데 명목환율이 구매력평가설에 따라 결정되면 실질환율이 항상 1이 되어 $\widehat{q^e} = 0$이 되므로 이 경우에는 양국의 예상 실질이자율은 같아지게 된다. 그러나 기술진보나 자원개발과 같은 비화폐적 현상으로 인해 실질환율이 변하게 되면, 두 국가의 실질이자율은 그만큼 차이가 나게 된다.

01. P_N 비교역재 가격, P_T는 교역재 가격이고, α와 β를 물가지수 계산에 사용되는 가중치라고 하자. 자유무역으로 교역재 가격은 국가간에 같아지지만, 비교역재 가격은 국가마다 차이가 있다면, 자국과 타국의 물가지수 P와 P^*는 다음과 같이 결정된다.

- 자국: $P = P_N^\alpha P_T^{(1-\alpha)}$
- 타국: $P^* = P_N^{*\beta} P_T^{(1-\beta)}$

환율 결정이 구매력평가설에 따른다고 가정하고, 다음에 답하라.

1) 환율을 비교역재와 교역재의 상대가격 (P_N/P_T)로 표시하라. 자국에서 교역재에 비해 비교역재의 가격이 올라가면 환율은 어떻게 변하는가?

2) 물가지수 계산의 가중치가 두 나라에서 서로 같다면, 환율은 비교역재의 가격에 의해 결정됨을 보여라.

3) 두 나라 모두 비교역재의 가중치가 2/3일 때, 외국의 물가는 변화가 없고 자국의 비교역재 가격만 6% 올라간다면 환율은 어떻게 변하는가? 양국 모두 비교역재 가격이 6% 올라갈 때 환율은 어떻게 변하는가?

4) 자국의 비교역재 가중치가 타국보다 높다고 하자. 만일 두 나라의 비교역재 가격은 변하지 않고 교역재 가격만 상승한 경우, 환율은 어떻게 될까?

📋 1) 자국의 물가는 $P = (P_N/P_T)^\alpha P_T$ 타국의 물가는 $\dot{P}^* = (P_N^*/P_T)^\beta P_T$로 다시 정리할 수 있다. 구매력평가설에서 환율은 $e = P/P^*$이므로 여기에 대입하면, $e = (P_N/P_T)^\alpha/(P_N^*/P_T)^\beta$가 된다. 그러므로 (P_N/P_T)가 올라가면, 환율은 올라감을 알 수 있다.

2) α=β가 되면, $e = (P_N/P_N^*)^\alpha$가 되므로 비교역재의 가격에 의해 환율이 결정된다.

3) 2)의 답에서 환율식을 변화율로 바꾸면 $\hat{e} = \alpha(\widehat{P_N} - \widehat{P_N^*})$이다. 여기서 α=2/3, $\widehat{P_N}$=6%이고, 다른 것은 변하지 않으므로 $\widehat{P_N^*}$=0이여서 환율은 4% 올라간다. 양국 모두 비교역재 가격이 같은 비율로 올라가면, 즉 $\widehat{P_N} = \widehat{P_N^*}$이면 환율은 변하지 않는다.

4) 1)에서 구한 환율식을 변화율 형태로 표시하면, $\hat{e} = \alpha(\widehat{P_N} - \widehat{P_T}) - \beta(\widehat{P_N^*} - \widehat{P_T})$인데, 양국의 비교역재 가격은 변하지 않으면 $\widehat{P_N} = \widehat{P_N^*} = 0$이므로, $\hat{e} = \widehat{P_T}(\beta - \alpha)$가 된다. α가 β보다 크다고 했으므로 환율은 하락하게 된다. 이는 1)에서

구한 환율식을 변화율 형태로 바꾸지 않아도 알 수 있다. 식에서 P_N과 P_N^*가 불변인데, P_T만 상승한다면 α가 β보다 더 크므로 e가 하락함을 알 수 있다.

02. 모든 재화와 서비스의 가격이 모든 나라에서 서로 같고, 구매력평가설에 따라 환율은 두 나라의 물가지수에 의해 결정된다고 하자. 이 때 환율은 양국의 구매력을 같도록 만드는가? 만일 두 나라에서 특정 상품의 가격이 같은 비율로 올라갈 때 환율은 변하는가?

🔖 이는 물가지수 계산에 사용된 각 재화의 가중치가 두 나라에서 같은가 아니면 다른가에 달려있다. 만일 두 나라 물가지수 계산에 사용된 가중치가 같다면 물가지수도 같아서 어떤 재화의 가격이 두 나라에서 같은 비율로 상승하면 환율에 아무런 영향도 없다. 즉 환율은 양국의 구매력을 같게 한다.

그런데 물가지수에 사용되는 재화의 가중치가 국가마다 서로 다른 것이 일반적인 현상이다. 아 경우 어떤 재화의 가격이 두 나라에서 같은 비율로 올라가면 두 나라의 구매력은 여전히 같지만, 가중치의 차이로 인해 물가지수가 달라지므로 구매력평가설로 계산한 환율은 변하게 된다. 따라서 이 경우 환율은 양국의 구매력을 일치시키는 역할을 못하게 된다.

03. 1990년대 후반부터 한국은 IT기술이 급속하게 성장하였고, IT기술의 발달은 제조업 부문보다는 서비스 부문의 생산성을 높일 것으로 예측된다. 그리고 대부분의 서비스 재화는 비교역재이다. 다음에 답하라.

1) 만일 다른 나라에 비해 한국의 서비스부문 생산성이 더 빠르게 향상된다면, 이는 실질환율에는 어떤 영향을 미치는가?

2) 미국에서도 한국과 같은 비율로 서비스 부문의 생산성 향상이 있었다고 하자. 그런데 미국에서 서비스 부문의 비중이 한국보다 크다고 하면, 한국의 실질환율은 어떻게 변하겠는가?

🔖 1) 한국의 실질환율은 높아진다. 실질환율은 $q=eP^*/P$인데, 한국의 서비스 생산성 향상은 한국의 서비스재 가격을 낮추어서 한국의 물가지수 P가 낮아지므로 실질환율은 올라간다.

2) 한국의 실질환율은 내려간다. 생산성 향상으로 서비스재 가격이 하락하면, 서비스의 비중이 큰 미국의 물가지수 P^*가 더 많이 내려간다. 따라서 한국의 실질환율은 내려간다.

04. 다른 변화가 없을 때, 다음과 같은 변화가 자국화폐의 실질환율에 어떤 영향을 주는가? 아래의 각 경우 수출업자는 어떠한 영향을 받는가? (이 나라는 소국이다).

1) 자국민들이 총지출 중에서 비교역재에 대한 지출을 늘려갈 때

2) 외국인들의 자국 수출재에 대한 수요가 늘어갈 때

3) 1)번과 2)번의 실질환율 변화를 비교하고, 수출업자의 이득에 차이가 나는 이유를 설명하라.

📋 실질환율은 $q=eP^*/P$이다. 실질환율이 올라가면 자국 수출경쟁력이 높아지고, 실질환율이 하락하면 자국 수출경쟁력이 낮아진다.

1) 비교역재에 대한 수요 증가로 비교역재 가격이 올라간다. 이 국가의 물가수준이 상승하므로 실질환율은 하락한다. 자국 수출업자에게 불리하게 작용한다.

2) 자국 수출재의 가격이 올라가므로 실질환율은 하락한다. 그런데 이 경우에는 수출재 가격이 상승한 경우이므로 실질환율은 하락했지만 수출업자에게는 이득을 준다.

3) 1)과 2) 모두 실질환율이 하락하지만(자국 화폐의 실질절상), 2)번의 경우는 수출재 가격의 상승에 기인한 것이기 때문에 수출업자의 이득이 된다.

05. 화폐시장의 균형에 대한 분석에 의하면, 통화공급량의 증가는 이자율을 떨어뜨린다. 그런데 통화공급량의 증가율이 사람들의 예상보다 더 많았다는 사실이 알려지자 이자율이 떨어지는 것이 아니라 오히려 올라갔다. 왜 이런 현상이 나타나는지 설명하라. 이 경우 환율은 어떻게 변하는가?

📋 통화공급량이 증가하면 이자율이 하락한다. 그런데 통화공급량이 예상보다 더 증가했다는 것이 알려지면 사람들의 예상인플레이션이 올라가고 그 만큼 명목이자율이 올라간다. 그리고 예상인플레이션 상승은 예상환율을 올리는데 이는 외환시장에서 실제로 환율을 상승시킨다.

06. 한국과 미국 간에 자본이동이 자유롭다고 하고, 한국의 실질이자율이 연간 5%이고, 미국의 실질이자율은 연간 3%라고 하자. 이 때 실질환율은 어떻게 변할 것으로 예측하는가?

📋 이자율평형조건에서 양국의 이자율 차이는 예상환율의 변화율과 같다(식 (19.19) 참조). 한국의 실질이자율이 2% 더 높기 때문에 이 경우 실질환율은

2% 올라갈 것으로 예상된다.

07. 기대실질이자율은 명목이자율에서 예상인플레이션을 뺀 값이다. 즉, $r^e=R-\hat{P}^e$이다. r^e는 기대실질이자율, R은 명목이자율, $\hat{P}^e$는 예상인플레이션이다. 다음 물음에 답하라.

1) 이자율평형조건을 예상 실질환율 변화율과 예상인플레이션으로 표시하라.
2) 1)번의 결과를 이용해 실질이자율평형조건을 구하라.
3) 이자율평형조건과 실질이자율평형조건을 비교하라.
4) 만일 양국의 명목환율이 구매력평가설에 의해 결정된다면, 양국의 실질이자율은 어떻게 되는가?
5) 자국의 교역재 부문에서만 생산성 증가가 있었다고 하자. 이는 양국의 실질이자율에 어떤 영향을 미치는가?

📝 1) 실질환율은 $q=eP^*/P$이므로 예상실질환율 변화율은 $\hat{q}^e=\hat{e}^e+(\widehat{p^{*e}-p^e})$이 된다. 이를 이자율평형조건에 대입하여 정리하면, $R-R^*(=\hat{e}^e)=\hat{q}^e-(\widehat{p^{*e}-p^e})$이 된다.

2) $r^e-r^{*e}=[R-\hat{p}^e]-[R^*-\hat{p}^{*e}]$이므로 여기에 1)의 결과를 대입하면, $r^e-r^{*e}=\hat{q}^e$이 된다.

3) 이자율평형조건 $R-R^*=\hat{e}^e$에 의하면, 양국의 명목이자율 차이는 명목환율의 예상 변화율과 같다. 비슷하게 실질이자율 평형조건 $r^e-r^{*e}=\hat{q}^e$에 의하면, 양국의 예상실질이자율 차이는 실질환율의 예상 변화율과 같다.

4) 구매력평가설에 의해 환율이 결정되면 $e=P/P^*$인데, 이를 실질환율 $q=eP^*/P$에 대입하면 항상 $q=1$이 된다. 이는 실질환율이 변하지 않음을 의미한다. 즉, $\hat{q}^e=0$이므로 실질이자율평형조건이 $r^e-r^{*e}=0$으로 바뀐다. 이는 양국의 예상실질이자율이 항상 같아짐을 뜻한다.

5) 자국의 교역재 부문에서만 생산성이 증가하면, 발랏사−새뮤엘슨정리에 의해 자국의 비교역재 가격이 올라가고, 이는 자국 물가지수를 상승시켜 실질환율이 하락한다. 실질이자율평형조건에 의하면, 실질환율 하락은 자국의 예상실질이자율이 외국의 예상실질이자율보다 낮음을 뜻한다. (발랏사−새뮤얼슨 정리를 요약하면 다음과 같다. 어느 나라에서나 교역재의 가격은 같으므로 교역재 부문에서 생산성이 증가하면 이 부문의 임금이 올라간다. 교역재 부문의 임금이 상승하면 생산성이 증가하지 않은 비교역재 부문의 임금이 같이 상승하므로 비교역재 가격이 올라가게 된다.)

08. 다음 서술에 담겨져 있는 경제적인 내용을 설명하라.

1) 우리나라의 물가상승률이 미국보다 더 높음에도 불구하고, 이것이 원화의 달러 대비명목환율에 반영되지 않은 것이 관찰되었다.

2) 해외여행을 해보면, 같은 금액으로 선진국보다는 후진국에서 더 많은 소비를 할 수 있다.

3) 단기에서는 이자율이 올라가면 환율이 떨어지지만, 장기에서는 이자율 인상과 함께 환율이 올라간다.

🖹 1) 우리의 물가상승률이 더 높음에도 불구하고 명목환율이 올라가지 않으면, 우리의 실질환율은 내려가고 수출재의 국제경쟁력이 낮아진다. 양국의 물가상승률 차이가 명목환율 변화에 반영되지는 않는다는 것은 구매력평가설이 적용되고 있지 않음을 말해준다. 구매력평가설은 특히 단기적인 환율 변화를 설명하는 데는 한계가 있다.

2) 공산품 같은 교역재의 경우에는 선후진국 간에 가격 차이가 크지 않지만, 서비스 같은 비교역재 가격은 후진국에서 더 낮기 때문이다. 발랏사–새뮤엘슨 정리를 생각하라.

3) 단기적으로는 이자율평형조건에 의해 환율이 결정되므로 된다. 이 이론에 의하면, 이자율이 올라가면 자국으로 예금이 유입되므로 외환공급이 증가하여 환율이 하락한다. 이처럼 단기적으로는 이자율이 올라가면 환율이 하락하게 된다.

　그런데 장기적으로는 구매력평가설에 의해 환율이 결정되므로 인플레이션이 발생하면 그만큼 환율이 올라가고, 다른 한편으로는 인플레이션이 발생하면 피셔효과에 의해 그만큼 명목이자율이 올라간다. 이처럼 장기에는 환율 상승과 이자율 상승이 함께 나타나게 된다.

제 **4** 부

국제통화제도와 금융의 세계화

20 국제통화제도의 변천과 최적통화지역

 복습문제

01. 금본위제도가 고정환율제도로 간주되는 이유는 무엇인가?

🖹 금본위제도는 자국 통화와 금 사이에 일정한 교환비를 설정하고, 이 가격으로
금을 자유롭게 사고 팔 수 있도록 한 제도이다. 모든 국가의 화폐가 금과 고정
된 비율로 교환되므로 금을 중심으로 국가 간 환율도 고정된다. 따라서 금본
위제도는 고정환율제도이다.

　　금본위제도에서는 금중재에 의해 고정환율이 유지된다. 환율이 법정평가를
벗어나면, 금중재자들에 의해 금이 국가 간에 이동함으로써 환율이 법정평가
로 돌아간다. 다만, 금 수송에는 비용이 필요하므로 수송비를 보상할 만큼 환
율이 변동할 수 있다. 따라서 금본위제도에서도 금 수송비를 고려하면 환율이
일정 범위 내에서는 변동가능하다.

02. 가격–정화–유출입 메커니즘이란 무엇이고, 이의 한계는 무엇인가?

🖹 가격–정화–유출입 메커니즘은 국제수지의 변화가 통화량을 변화시키고, 통
화량의 변화가 가격을 변화시키며, 가격의 변화로 수출입이 조절되어 국제수
지가 자동으로 조정되는 메커니즘을 말한다. 국제수지 불균형의 자동 조정과
정은 다음과 같이 설명된다. 국제수지 적자국에서는 금의 유출로 화폐공급량
이 감소하고, 이는 화폐수량설에 따라 물가를 하락시킨다. 자국의 물가가 내

려가면 수출은 증가하고 수입은 감소하므로 국제수지 적자가 제거된다. 같은 논리로 국제수지 흑자국에서는 금의 유입으로 통화공급량이 증가하므로 물가가 상승하고, 이로 인해 수출은 감소하고 수입은 증가하여 국제수지 흑자가 균형으로 돌아온다. 이 자동조정 메커니즘에서는 물가의 변화가 수출과 수입을 변화시켜 국제수지가 조정된다고 보는데, 이는 수출입재의 가격탄력성이 높음을 전제하고 있다.

03. 브레튼우즈 체제의 주요 내용과 이 체제의 한계점을 설명하라.

🗐 브레튼우즈 체제의 기본 골격은 다음과 같다. 첫째, 경쟁적인 환율 전쟁을 방지하기 위해 조정 가능한 고정환율제를 채택한다. 둘째, 국제거래를 위해 각국 통화의 자유로운 교환을 허용한다. 셋째, 일시적인 국제수지 적자로 어려움을 겪고 있는 국가에게 단 중기성 자금을 대출해줌으로써 국제통화질서를 유지하기 위한 국제기구로 IMF를, 전후 경제회복을 위한 장기성 자금을 공급하기 위한 국제기구로 세계은행(IBRD)을 설립한다. 이상에서 알 수 있듯이 브레튼우즈 체제는 국제통화질서를 안정적으로 유지하는데 그 목적이 있었다. 다시 말해서, IMF를 통해 환율의 안정을 유지하고 국제수지 불균형을 해소함으로써 국제무역을 증진시키고자 하였다.

브레튼우즈 체제의 한계로는 환율조정의 지체, 유동성 딜레마, 세뇨리지 문제를 들 수 있다. 먼저 브레튼우즈 체제는 기본적으로 고정환율제도이지만, 기초적인 불균형이 발생하면 환율을 조정할 수 있는 조정가능한 고정환율제도다. 그런데 기초적인 불균형이 발생해도 환율 조정이 지체되자, 대규모의 자본이동이 불안정적으로 이루어지면서 고정환율제도의 유지가 어려워졌다. 다음으로 고정환율제도에서는 환율 변동을 방어하기 위해 중앙은행은 충분한 준비자산을 보유해야 하는데, 이와 같은 유동성 증가를 위해서는 미국의 국제수지 적자가 필요하지만, 미국의 적자는 달러의 신뢰성을 하락시키는 문제가 있다. 이와 같이 유동성 증가와 신뢰성 하락이라는 유동성 딜레마가 브레튼우즈 체제의 한계였다. 마지막으로 브레튼우즈 체제에서는 미국 달러가 세뇨리지의 이익을 얻게 되는데, 대신 화폐가치를 안정적으로 유지해야 하기 때문에 경제정책을 자유롭게 사용하기가 어려웠다. 쉽게 평가절하를 할 수도 없고, 금융정책의 사용도 제한되었다. 그런데 미국이 독일, 일본 등에 대해 대규모의 국제수지 적자 상태를 맞이하게 되자 미국은 평가절하를 단행할 수밖에 없는 한계에 봉착하였다. 이런 한계들로 인해 브레튼우즈 체제는 붕괴하게 되었다.

04. 최적통화지역에 참여를 고려할 때 검토해야 할 조건들은 무엇인가?

📋 최적통화지역에 참여하면, 환율 불확실성이 제거되어 거래가 증가하는 효율성 이득이 있는 반면, 독자적인 환율정책과 금융정책을 시행할 수 없다는 안정화 손실이 있다. 경제통합의 정도가 큰 국가들 간에 최적통화지역의 이득이 더 크고, 경제적 유사성이 큰 국가들 간에 최적통화지역의 손실이 더 작다. 따라서 최적통화지역은 경제통합의 정도가 크거나 경제적 유사성이 큰 국가들 간에 형성되는 것이 바람직하다.

　이 외에도 다음과 같은 요인이 최적통화지역 참여에 영향을 미친다. 첫째, 생산요소의 이동이 활발한 국가와 최적통화지역을 결성하면 안정화 손실이 작아진다. 둘째, 가격 및 임금의 신축성이 높은 지역에서 최적통화지역의 이익이 더 클 수 있다. 셋째, 가맹국간 경제발전 단계와 주요 경제정책 목표가 서로 비슷하면 최적통화지역의 이익이 더 크다.

05. 유럽통화동맹의 이익과 비용에 대해 설명하라.

📋 유럽통화동맹의 출범은 유럽금융시장의 통합을 촉진하고, 유로의 위상을 강화하였다. 유로 출범은 가맹국들에게 다음과 같은 이익을 가져왔다. 첫째, 단일통화의 사용으로 환율변동의 위험이 사라지고 환전비용이 감소하여 무역과 투자가 증가하였다. 둘째, 유로 가맹국의 경제적 위상이 제고되고 대외협상력이 높아졌다. 셋째, 인플레이션이 높았던 남부 유럽 회원국들의 인플레이션이 안정되었다. 마지막으로, 유로화가 국제통화로서 위상이 높아짐에 따라 세뇨리지(seigniorage)의 이익을 얻게 되었다.

　유럽통화동맹의 비용은 다음과 같다. 유로존(Eurozone) 국가들이 단일 통화를 사용하자 제조업 경쟁력이 높은 독일이나 프랑스에 비해 남부유럽 국가들의 수출경쟁력이 상대적으로 낮아졌다. 이에 남부유럽 국가들의 경상수지 적자는 늘어나고 외채가 증가하였으나, 독자적인 환율정책과 통화정책을 실시하지 못해 위기해결에 어려움을 겪었다. 이들 국가들 사이에 재화와 노동의 이동이 자유롭다면, 독자적인 금융정책을 시행하지 못하더라도 문제 해결이 더 쉬워진다. 그러나 언어와 문화의 차이 때문에 노동의 이동에 제약이 있다. 위기 극복을 위해 독자적인 재정정책을 사용할 수는 있으나, 이의 사용도 크게 제약되어 있다. 2008년 그리스의 재정위기는 유로존 가입이 위기의 원인이자 문제해결을 어렵게 한 요인이었다. 가맹국간 경제적 유사성이 높지 않은 상황에서 통화동맹에 참여하는 것은 적절하지 않음을 보여준 사례이다.

연습문제

01. 금본위제도를 실시하고 있는 두 나라가 있다. 자국의 수입 증가로 자국의 국제수지는 적자이고 상대국의 국제수지는 흑자일 때, 두 나라는 어떤 과정을 거쳐 국제수지 균형을 회복하는가?

> 자국은 국제수지 적자로 금이 유출되므로 통화량이 감소하여 물가가 낮아지고, 반대로 상대국은 국제수지 흑자로 금이 유입되므로 통화량이 증가하여 물가가 올라간다. 자국은 물가 하락으로 수출이 늘고, 상대국은 물가 상승으로 수출이 준다. 이러한 물가의 변화는 양국의 국제수지가 균형을 회복할 때까지 계속된다. 즉, 금본위제도에서 국제수지 조정은 물가의 신축적 변화에 의해 달성된다.

02. 브레튼우즈 체제가 붕괴된 원인 중의 하나가 유동성딜레마라고 한다. 유동성딜레마란 무엇이고, 실제로 1960년대에 어떤 일이 벌어졌는가?

> 브레튼우즈 체제의 고정환율제도에서는 환율 변동을 방어하기 위해 중앙은행은 충분한 준비자산을 보유해야 한다. 각국 중앙은행의 준비자산이 늘어나기 위해서는 달러와 같은 준비통화의 공급이 늘어나야 하는데, 이는 준비통화 발행국의 국제수지 적자에 의해 충당될 수밖에 없다. 그런데 준비통화 발행국의 국제수지가 적자가 되면 세계 전체적으로 유동성은 증가하지만, 준비통화의 신뢰성이 하락하는 딜레마가 발생한다. 이처럼 유동성 증가의 이익과 신뢰성 하락의 문제를 유동성딜레마(liquidity dilemma)라고 부른다.
>
> 브레튼우즈 체제에서는 미국의 달러화가 이러한 딜레마를 겪게 되었다. 1950년대에 유럽으로의 직접투자 증가와 베트남 전쟁의 전비 조달을 위한 통화발행으로 미국의 적자규모가 급속히 증가하였다. 미국의 국제수지 적자가 지속됨에 따라 1960년 초에는 외국의 달러보유고가 미국의 금보유고를 초과하기 시작하였고, 1970년에는 외국의 달러보유고가 미국의 총 금준비의 4배에 달하였다. 이런 불균형으로 인해 미국 달러가 평가절하될 것이라는 예상이 높아가자 막대한 자본이 달러에서 독일 마르크, 일본 엔 등 강세 통화로 이동하였고, 또 금태환에 대한 요구가 강해지자, 1971년 8월 닉슨 대통령은 달러와 금과의 태환정지를 선언하였다.

03. 브레튼우즈 체제는 달러를 기축통화로 출범한 금환본위제도로서 각국 중앙은행은 준비자산으로 대부분 달러를 보유하였다. 그러나 변동환율제도로 전환한 이후에도 준비통화로서 달러의 역할은 줄지 않고 있다. 이를 네트워크의 외부성으로 설명하라.

> 🔖 고정환율제도가 붕괴된 이후에도 달러화가 계속 중심통화의 역할을 지속한 까닭은 네트워크의 외부성에 근거한 규모의 경제 때문이다. 예를 들어, N개의 통화가 있는 경우 외환시장에서 발생할 수 있는 총거래 수는 $N(N-1)/2$개이므로 여기서 형성되는 환율도 $N(N-1)/2$개다. 그러나 어떤 통화가 기준 통화의 역할을 한다면 외환거래가 발생할 수 있는 시장의 수는 $(N-1)$개로 줄어들어 그에 따라 형성되는 환율도 $(N-1)$개로 줄어든다. 따라서 거래의 효율성을 위해 외환시장은 하나의 중심통화를 이용하려 하는데, 자연히 통용력이 좋은 달러가 중심통화 역할을 함에 따라 달러의 준비통화 비율이 줄지 않았던 것이다.

04. 동구와 소련에서 독립한 전환국가들의 기준통화를 보면, 유로를 채택한 나라와 달러를 채택한 나라로 구분된다. 기준통화의 채택 기준은 무엇인가?

> 🔖 시장경제로 전환한 대부분의 동구 국가들은 독일 마르크화(유로통합 이후에는 유로)를 기준통화로 선택하고, 소련에서 독립한 국가들은 대부분 달러를 기준통화로 선택하였다. 환율 불안정으로 인한 대외거래의 불확실성을 줄이기 위해서는 거래가 많은 상대국의 기준통화와 동일한 국제통화를 기준통화로 선택하는 것이 좋다. 당시 동유럽 국가들은 주요 무역상대국들이 기준통화로 유로를 사용하고 있어서 자기들도 기준통화로 유로를 선택하고, 소련에서 독립한 국가들은 주요 무역상대국들이 기준통화로 달러를 사용하고 있어서 자기들도 기준통화로 달러를 선택했다고 볼 수 있다. 이처럼 기준통화의 선택에는 네트워크 외부성이 작용했다고 할 수 있다.

05. 다음의 경우가 최적통화지역의 참여에 어떤 영향을 미치는지 설명하라.

1) 수출과 수입의 변동과 같은 생산물시장에서의 교란이 빈번한 나라

2) 화폐에 대한 수요의 변동과 같은 화폐시장에서의 교란이 빈번한 나라

> 🔖 1) 생산물시장에서 교란이 빈번하면, 환율을 고정했을 때 손실이 커진다. 따라서 이 경우에는 최적통화지역에 참여하는 것이 적절하지 않다.
>
> 2) 화폐시장의 교란이 빈번한 경우에는 환율을 고정하면 생산물시장에 미치는 부정적 영향이 줄어든다. 따라서 이 경우에는 최적통화지역의 참여하는

것이 좋다.

06. 최적통화지역의 조건에 의하면, 경제구조가 유사하거나 지역 내 국가 간 노동이동이 자유로워야 한다. 그 이유는 무엇인가?

🔖 경제구조가 유사할수록 외생적 충격이 역내국가에 미치는 효과가 유사하기 때문에, 단일 통화정책으로 문제를 해결할 수 있어서 최적통화지역으로 인한 안정화 손실을 줄일 수 있다. 만일 서로 경제구조가 달라서 외생적 충격이 어떤 국가에게는 긍정적인 영향을 주는 반면, 다른 국가에게는 부정적인 영향을 준다면, 단일 통화정책으로 지역 내 문제를 해결하기가 어렵기 때문에 최적통화지역 형성이 바람직하지 않다.

또 최적통화지역내 국가 사이에 노동과 자본 등 생산요소의 이동이 자유로우면, 가맹국간에 서로 다른 충격이 주어졌을 때 단일 경제정책으로 문제를 해결하지 못하더라도 역내국가간 생산요소의 이동으로 그 충격이 조정될 수 있다. 예를 들어, 어떤 충격으로 *A*국은 경기 침체, *B*국은 경기 호황이 되면, 단일의 경제정책으로 경제문제를 해결하기 어렵지만, 생산요소의 이동으로 경제문제가 해결될 수 있기 때문에, 최적통화지역 형성으로 인한 손실을 줄일 수 있다.

07. 하나의 단일통화가 전 세계에 걸쳐 사용되는 제도를 생각해보자. 이 제도의 장점과 단점은 어떤 것이 있을까?

🔖 전 세계가 단일 통화를 사용한다는 것은 세계 전체가 하나의 최적통화지역이 됨을 의미한다. 이 경우 거래비용이 낮아지고, 환율 변동의 불안정성 문제를 회피할 수 있다. 그러나 모든 국가는 통화정책과 환율정책이라는 두 가지 정책수단을 포기해야 한다. 경제구조가 이질적인 다양한 국가들이 서로 다른 경제적 어려움에 처하게 될 때, 이를 해결하기 위한 마땅한 정책수단을 찾기 어렵다는 문제점이 있다.

21 환율제도의 장단점과 선택 기준

복습문제

01. 변동환율제도에서는 해외의 부정적 충격이 완화됨을 설명하라.

   📖 변동환율제도에서는 해외의 충격이 환율 변화로 흡수되기 때문에 국내 경제로 파급되는 효과가 어느 정도 완화된다. 즉, 해외의 부정적 충격이 국내로 확산되지 않고 차단되는 효과가 있다. 예를 들어, 수출이 감소하는 경우, 고정환율제도보다 변동환율제도에서 소득 감소 효과가 더 작다. 고정환율제도에서는 수출 감소로 인해 국내 경기가 침체된 상황에서도 환율을 고정시키기 위해 통화량을 줄여야하기 때문에 국내 경기가 더욱 악화되는 반면, 변동환율제도에서는 환율이 신축적으로 변동하여 국내 경기 악화가 완화되기 때문이다. 그래서 실물부문의 부정적 충격을 완화하고 자국의 경제를 안정적으로 유지하는 데는 변동환율제도가 더 좋다.

02. 고정환율제도에서는 화폐시장의 부정적 교란이 차단됨을 설명하라.

   📖 고정환율제도에서는 화폐시장의 부정적 교란이 실물경제에 미치는 영향이 차단되는 효과가 있다. 예를 들어, 자국의 화폐수요가 증가하거나 화폐 공급이 감소하면, 환율이 하락하고 생산량이 감소하게 되는데, 고정환율제도에서는 환율 하락을 방지하기 위해 중앙은행이 외화를 매입하므로 통화공급량이 늘어서 환율과 생산량이 다시 증가하여 원래의 위치를 회복하게 된다. 이처럼

고정환율제도에서는 화폐시장의 교란이 차단되는 측면이 있다. 이에 비해 변동환율제도에서는 화폐시장의 부정적 변화든 긍정적 변화든 모두 실물경제에 영향을 미치게 된다.

03. 환율제도 선택과 관련된 삼자택일의 딜레마에 대해 설명하라.

📖 개방경제에서 거시경제정책은 기본적으로 환율안정, 자본이동의 자유, 통화정책의 자주성이라는 세 가지 목표를 달성하고자 한다. 그러나 이 세 가지 목표를 동시에 달성할 수 있는 환율제도는 없으며, 어떤 제도든지 셋 중 하나는 포기해야 한다. 이것이 환율제도 선택에서 나타나는 삼자택일의 딜레마(trilemma)다. 예를 들어, 고정환율과 통화정책의 자주성을 동시에 추구하려면 자본이동을 통제해야 하고, 고정환율과 자본이동의 자유를 달성하고자 하면 통화정책의 자주성을 포기해야 한다. 또 통화정책의 자주성과 자본이동의 자유를 목표로 하면, 변동환율제도를 선택해야 한다는 것이다.

삼자택일의 딜레마와 관련하여 환율제도의 선택문제를 생각해보자. 첫째, 변동환율제도를 선택하면, 통화정책의 자주성이 보장되고 자본이동의 자유가 허용된다. 다만, 환율의 불안정한 변동이 우려된다. 둘째, 완전 고정환율제도를 선택하면, 환율이 고정되고 자본이동의 자유가 허용되지만, 통화정책의 자주성을 포기해야 한다. 마지막으로 브레튼우즈 체제의 '조정가능 고정환율제도'는 고정환율과 통화정책의 자주성을 선택한 격이므로, 여기서는 자본이동을 통제해야 한다. 이처럼 어떤 환율제도도 환율안정, 자본이동의 자유, 통화정책의 자주성이라는 세 가지 목표를 동시에 충족시켜주지 못한다.

04. 경제규모가 큰 선진국들은 변동환율제도를 시행하는데 비해, 소규모 개방경제인 국가들은 고정환율제도를 선호하는 이유는 무엇인가?

📖 일반적으로 교역비중이 큰 소규모 개방경제는 고정환율제도가 바람직하다. 소규모 개방경제에서는 작은 환율 변동도 국내경제에 미치는 영향이 크기 때문에 환율이 불안정해지는 것을 원치 않는다. 즉 '환율변동의 두려움(fear of floating)'이 있다. 그래서 환율의 불안정한 변동이 국내 경제에 부정적인 영향을 미친다고 생각하면 고정환율제도를 채택하게 된다.

이에 비해 많은 국가와 다변화된 무역을 하고 있고, 무역의존도가 크지 않은 대국은 변동환율제도의 채택이 유리하다. 고정환율제도를 채택하면 금융정책 수단을 포기해야 하는데 비해, 변동환율제도를 채택하면 훨씬 유연한 경제정책의 수행이 가능하다는 이점이 있다.

05. 아르헨티나 통화위원회제도의 성공과 실패에 대해 설명하라.

🔛 통화위원회제도(currency board)는 자국의 통화가치가 달러 등 외국통화에 고정되어 있는 제도다. 엄격한 고정환율제도이다. 아르헨티나는 1991년 본원통화를 100% 달러로 지급보증하는 달러연계화(dollarization) 형태의 통화위원회제도를 채택하였다. 아르헨티나는 통화가치가 안정되어 견고한 성장세를 유지하였고, 인플레이션은 1989년 3,000%대에서 1999년에는 1.6%로 크게 낮아졌다.

아르헨티나의 통화위원회제도는 초인플레이션을 차단하고 경기 회복에는 도움을 주었지만, 1998년부터 아르헨티나 경제가 침체되면서 문제점이 드러나기 시작했다. 특히 주변국인 브라질의 레알화와 유로화가 약세로 변해가는 상황에서 달러와 연계된 아르헨티나 페소화는 오히려 평가절상이 됨에 따라 수출경쟁력이 약화되고 무역수지 적자가 누적되면서 결국 금융위기를 맞이하게 되었다. 아르헨티나 사례는 자유변동환율제도 또는 고정환율제도 중 어떤 환율제도가 더 좋은가보다는 어떤 환율제도를 선택하든 그 나라의 경제상황에 맞는 적절한 거시경제정책을 구사하는 것이 더욱 중요함을 보여준다.

연습문제

01. 재정지출의 증가가 경상수지에 미치는 영향이 환율제도에 따라 어떤 차이가 나는가?

🔛 재정지출이 증가하면 소득이 증가하고 소득 증가로 수입이 증가하므로 경상수지가 악화된다. 그런데 재정지출이 증가하면, 변동환율제도에서는 환율이 하락하므로 환율 하락에 따른 경상수지 악화가 나타난다. 이처럼 변동환율제도에서는 환율이 하락하므로 고정환율제도보다 경상수지가 더 많이 악화된다.

그런데 이를 일반균형 모형에서 보면, 이렇게 간단하지가 않다. $DD-AA$ 모형을 이용해 생각해 보자($DD-AA$ 모형의 그림을 생각하라). 재정지출이 증가하면 DD 곡선이 우측 이동하므로 환율이 하락하고 소득이 증가한다. 이러한 환율 하락과 소득 증가는 모두 경상수지를 악화시키는 요인이 된다. 이는 변동환율제도에서의 결과이다. 고정환율제도에서는 환율 하락을 방지하기 위해 통화공급량이 증가하므로 변동환율제도에서보다 소득이 더 많이 증가하고 소득 증가로 인한 경상수지 적자가 더 커진다.

변동환율제도에서는 환율하락과 소득증가로 인해 경상수지 적자가 나타나고, 고정환율제도에서는 소득증가로 인한 경상수지 적자만 나타나지만 소득 증가분이 더 크기 때문에 이로 인한 경상수지 적자 폭도 더 클 것이다. 따라서 어느 제도에서 경상수지 적자가 더 클 것인가는 명확하게 말할 수 없다.

02. 외국의 물가 상승이 우리 경제에 미치는 영향에 대한 다음 물음에 답하라.

1) 우리나라의 환율과 생산량에 미치는 영향은?

2) 만일 외국의 물가상승으로 사람들의 예상환율이 변하면, 환율과 국내 생산량은 어떻게 되겠는가?

📋 1) $DD-AA$ 모형에서 외국의 물가 P^*의 상승은 DD 곡선을 우측으로 이동시키므로 환율이 내려가고 국내 생산량이 증가한다.

2) 구매력평가설에 의하면, 외국의 물가가 상승하면 사람들은 환율 하락을 예상한다. 예상 환율의 하락은 AA 곡선을 아래로 이동시킨다. 외국의 물가 상승으로 1)번에서처럼 DD 곡선은 우측으로 이동하고, AA 곡선은 아래로 이동하므로, 새로운 균형점에서 환율은 더 내려가고, 국내 생산량은 1)번보다 더 작게 증가하거나 원상태로 복귀한다.

03. 환율제도를 생각하며 다음의 서술을 논평하라.

1) "경제규모가 큰 나라가 통화공급량을 증가시키면, 이는 세계 전체의 통화량을 늘려서 세계적인 인플레이션을 초래하는 요인이 된다."

2) "실물부문의 충격이든 화폐부문의 충격이든 변동환율제도에서 그 효과가 더 크다."

📋 1) 통화공급량을 늘리면 국제수지 적자가 된다. 고정환율제도에서는 통화공급량 증가분이 해외로 유출되어 세계적인 물가상승의 요인이 된다. 그러나 변동환율제도에서는 국제수지 적자가 환율상승으로 조정되어 인플레이션이 해외로 수출되지 않는다.

2) 실물부문의 충격이 국내 경제에 미치는 영향은 고정환율제도에서 더 크고, 반대로 화폐부문의 충격이 경제에 미치는 영향은 변동환율제도에서 더 크다. [그림 21-1]과 [그림 21-2]를 참고할 것.

04. 두 나라만 있는 경제를 생각해 보자. 외국이 경기 침체를 회복하기 위한 수단으로 재정정책과 금융정책을 검토하고 있다. 각 경제정책이 자국의 경상수지에 미치는 영향을 설명하라.

📋 상대국의 재정정책은 그 나라의 환율을 낮추므로(자국의 환율을 올리므로) 자국의 경상수지가 개선된다. 또 재정정책으로 그 나라의 소득이 증가하면 수입이 증가할 것이므로 우리의 경상수지가 개선될 것이다.

반면에 통화정책은 그 나라의 환율을 올리므로(자국의 환율을 낮추므로) 자국의 경상수지를 악화시킨다. 그러나 통화정책으로 그 나라의 소득이 증가하면 수입이 증가할 것이므로 이는 우리의 경상수지를 개선시킨다. 환율변화와 소득변화로 인한 경상수지 효과 중 어느 것이 더 클 것인가에 따라 경상수지 개선 여부가 결정된다.

이상으로부터 상대국의 재정정책이 금융정책보다 우리의 경상수지를 더 많이 개선시킨다고 할 수 있다.

05. 관리변동환율제도는 '일시적인 충격'에 의한 환율변동 요인은 시장개입으로 제거하고, 항구적인 환율변동 요인에 대해서는 개입하지 않는 것을 원칙으로 한다. 그러나 관리변동환율제도에서도 환율안정에 어려움이 발생하는 이유는 무엇인가?

📋 현실적으로 어떤 충격이 나타났을 때, 이것이 항구적인 요인인지 아니면 일시적인 요인인지를 정책결정자가 판단하기가 쉽지 않다. 만일 부적절한 개입이 이루어지면, 오히려 경제의 불안정성을 키울 수 있다.

06. 환율제도의 세계적 변화와 개별 국가별 변화를 간단히 설명하라.

📋 1870~1914년까지 금본위제도로 안정적인 환율제도를 운영하였으나, 1914~1945년 기간에는 변동환율제도와 금본위제도 다시 변동환율제도로 극심한 환율불안을 경험하였다. 그리고 제2차 세계대전 이후 브레튼우즈 체제의 금환본위제도를 운영하다가 1971년 금태환정지선언 이후부터 변동환율제도로 이행하였다.

개별 국가가 채택한 환율제도는 자주 바뀌지는 않았다. 1940년 이후 2000년까지 세계 각국의 환율제도 변경의 경험을 분석해보면, 한번 선택한 환율제도는 평균 14년간 유지되었다.

07. 1991년 아르헨티나는 자국통화인 페소화를 달러에 고정시킨 통화위원회제도를 시행하였다. 이 제도는 1990년대 아르헨티나 경제안정의 주춧돌 역할을 하였다. 그러나 이 제도의 단점은 2001년 7월의 금융불안으로 드러났고, 아르헨티나는 2002년 1월 이 제도를 포기하였다. 다음에 답하라.

1) 통화위원회제도는 아르헨티나의 경제안정에 어떤 점에서 도움을 주었는가?

2) 통화위원회제도의 문제점은 무엇인가?

3) 1999년 이후 달러에 대해 브라질 레알화의 가치가 53%나 하락하는 등 인근 국가들의 화폐가치가 하락하였다. 이것이 아르헨티나의 경상수지에 어떤 영향을 미치는가?

4) 아르헨티나가 변동환율제도를 채택하고 있었다면 3)번의 경우 환율은 어떻게 되는가? $DD-AA$ 모형을 이용해 설명하라.

5) 아르헨티나는 4)번의 환율변화 압력을 방어하기 위해 어떤 정책을 펴야 하는가? 이 정책은 $DD-AA$ 곡선에서 어떻게 표시되는가? 그리고 이 정책은 국내경제에 어떤 영향을 미치는가?

📄 1) 아르헨티나는 만성적인 인플레이션에 시달렸던 나라다. 자체적인 통화정책으로는 물가안정을 달성하지 못하였다. 자국통화를 달러에 고정시킴으로써 초인플레이션을 차단할 수 있었다.

2) 독자적인 통화정책을 사용할 수 없어서 중앙은행의 기능이 상실되고, 또 환율이 외국통화에 연동되어 있어서 대외불균형이 발생할 때 이를 교정하기가 어렵다. 그리고 외국에 대한 정치 경제적 예속이 심화될 위험이 있다.

3) 인근 국가들의 화폐가치는 떨어지는 데 비해 달러에 연동된 아르헨티나의 페소화는 강세가 되어 아르헨티나의 수출경쟁력이 다른 나라에 비해 나빠져서 경상수지가 악화되었다.

4) 3)의 경우 아르헨티나의 수출이 줄어서 DD 곡선이 왼쪽으로 이동하므로 환율이 상승한다. 이는 아르헨티나의 수출경쟁력을 높임으로써 경상수지를 개선시키게 된다.

5) 고정환율제도였으므로 환율 상승을 억제하기 위해 외화자산을 팔아야 하고, 그 결과 통화공급량이 줄어들어 경제가 더욱 위축된다. 즉, AA 곡선이 왼쪽으로 이동하여 4)번의 그림에서 환율은 원래의 수준으로 돌아오지만 생산량은 더욱 감소한다.

22 금융의 세계화와 국제금융시장

복습문제

01. 금융의 세계화에서 제도적인 측면과 실질적인 측면에 대해 설명하라.

    📋 금융의 세계화는 국가 간 자본거래가 활발해져 금융시장 사이에 상호의존성이 확대되는 현상을 나타낸다. 금융통합은 제도적 측면과 실질적 측면에서 평가할 수 있다. 제도적 측면은 자본거래 규제의 정도를 나타내고, 실질적 측면은 자본이동의 정도를 나타내는데 이는 해외 금융자산과 부채스톡의 GDP에 대한 비율로 측정한다. 제도적인 측면과 실질적인 측면에서 금융통합의 정도가 서로 다를 경우, 법적인 규제보다는 실질적인 자본 이동이 경제에 더 큰 영향을 미친다는 점에서, 금융통합의 정도를 평가하는 데는 실질적 지표가 더 적절하다고 판단된다. 남미 국가들은 금융 규제는 엄격하지만 자본 유입이 많은 반면, 아프리카 국가들은 금융규제는 덜하지만 자본유입이 적다. 그런데 실제 자본이동이 경제에 더 큰 영향을 미친다는 점에서, 아프리카 국가들보다는 남미 국가들에서 금융통합 정도가 더 높다고 평가할 수 있다.

02. 글로벌 불균형의 원인과 해결 방안에 대해 설명하라.

    📋 장기적으로 지속되는 대규모의 경상수지 불균형을 글로벌 불균형(global imbalance)이라고 한다. 경상수지 불균형은 저축과 투자의 차이에 의해 발생하므로, 각 국가의 저축률과 투자율의 차이가 글로벌 불균형의 원인이라고 할

수 있다. 그리고 경상수지 불균형이 장기간 지속되는 것은 경상수지 적자를 해외 자본 유입으로 보전하였기 때문이다.

경상수지 적자가 발생하면 환율이 올라서 자동적으로 경상수지가 균형을 회복하게 된다는 것이 이론의 설명이다. 그런데 경상수지 적자국이 해외자본을 차입하여 경상수지 적자를 충당되면 불균형 해소가 지연된다. 그리고 흑자국이 불태화정책을 실시하여 통화공급량 증가를 억제하고 인플레이션을 억제하면 실질환율이 절상(실질환율 하락)되지 않기 때문에 불균형 해소가 지연된다.

글로벌 불균형은 미국과 흑자국 모두에게 이익을 주었다. 미국은 외국에서 유입된 자본으로 높은 수준의 소비를 유지할 수 있었고, 흑자국들은 미국의 소비 증가로 인해 수출을 증가시킬 수 있었다. 그러나 이런 불균형이 영원히 지속될 수는 없다. 만일 달러 가치가 갑작스럽게 하락하게 되면, 이는 금융시장에 충격을 주게 되고 미국과 흑자국 모두에게 경기침체와 경제 불안을 초래할 것이다.

따라서 조정과정이 서서히 진행되도록 하여 불안정성의 위험을 감소시켜야 한다. 이를 위해서는 적자국인 미국에서 저축이 증가하고, 흑자국에서는 소비와 투자가 확대되어야 한다. 또 미국의 달러는 절하되고, 흑자국의 화폐는 절상되어야 한다. 글로벌 불균형의 점진적 조정을 위해서는 미국과 다른 국가의 정책 협력이 필수적이다.

03. 개도국에서 자본의 수익률이 더 높을 것 같은데, 왜 자본은 선진국으로 더 많이 이동하는가?

🔲 한계생산성 체감의 법칙으로 인해 자본이 풍부할수록 자본의 한계생산성이 낮아진다. 따라서 자본이 풍부한 선진국에서는 자본의 한계생산성(수익률)이 낮고, 자본이 희소한 개도국에서는 자본의 한계생산성(수익률)이 높다. 그러므로 선진국에서 개도국으로 자본이 이동할 것으로 예상된다. 그러나 실제로는 선진국으로 더 많은 자본이 이동하고 있다. 이처럼 자본 이동이 예상과 달리 나타나는 현상을 루카스 역설(Lucas Paradox)이라고 한다. 루카스(Lucas)는 그 이유를 개도국에서 자본의 수익률이 생각보다 높지 않기 때문이라고 설명한다.

기술수준이 낮으면 그만큼 자본의 한계생산성도 낮아지게 되는데, 개도국의 기술수준은 선진국보다 낮은 편이어서 개도국에서 자본의 한계생산성이 생각보다 높지 않게 된다. 그리고 개도국은 정치적 불확실성이 있어서 외국인들이 투자를 꺼리는 측면이 있다. 결론적으로 개도국은 자본 수익률이 생각보다 높지 않고, 또 정치적 불확실성이 있기 때문에 자본유입이 생각보다는 적게 된다는 것이다.

04. 유로은행과 국내은행의 차이점은 무엇인가?

🔖 국제은행업 중에서 역외은행업(offshore banking)은 은행이 자국 밖에서 수행하는 업무를 말하고, 역외통화예금(offshore currency deposit)은 그 은행이 위치하고 있는 현지국의 통화가 아닌 다른 국가의 통화로 예치된 예금을 말한다. 예를 들어, 런던은행의 달러화 예금, 동경은행의 유로화 예금이 역외통화예금이다. 역외통화예금을 유로통화(Eurocurrency)라고 하는데, 특히 달러로 예치된 역외통화예금을 유로달러(Eurodollar)라고 한다. 그리고 역외통화예금을 받는 은행을 유로은행(Eurobank)이라고 부른다.

국내은행은 중앙은행의 규제를 받으나 유로은행은 국제적 성격 때문에 중앙은행의 규제를 받지 않는다. 또 예치된 예금에 대한 지불준비금을 보유할 필요가 없기 때문에 유로은행은 예금이자율과 대출이자율의 차이(spread)를 낮게 유지할 수 있어서 국내은행에 비해 경쟁력이 있다. 또 유로은행들은 금융규제를 받지 않기 때문에 다양한 형태로 분화되고 특화되어 있어서 운영이 보다 효율적이다. 나아가서 유로은행은 일정액 이상의 도매적인 거래만을 취급하므로 소규모 거래를 함께 취급하는 국내은행보다 비용 면에서 유리하다.

05. 국제은행업의 규제와 국제협력의 필요성에 대해 설명하라.

🔖 일반적으로 국제은행업에 대한 규제는 국내은행업에 대한 규제보다 약하다. 각국 정부는 자국 은행의 도산을 미리 예방하기 위해 광범위한 금융규제를 실시한다. 그 대표적인 예로는 지불준비금제도, 예금보험 등을 들 수 있다. 그러나 국제은행업에 대해서는 국내은행업에 비해 규제가 거의 없다. 이는 국제은행업에 대한 규제가 쉽지 않기 때문이다. 그러나 세계 금융시장이 점차 통합되어 가면서 한 은행의 파산은 그 국가 내의 금융시스템만이 아니라 다른 나라의 금융시스템에까지 영향을 미친다. 따라서 안정적인 금융시스템의 운영을 위해서는 국제은행업에 대해서도 규제와 감독이 필요하다.

국제금융시스템의 안정적 운영을 위하여 1974년 11개 선진국 중앙은행 총재들이 바젤위원회를 결성하여 각국의 은행감독기관이 공동으로 국제은행 시스템을 감독하는 임무를 맡았다. 그리고 국제적인 규제기준을 개도국으로 확장할 필요가 있었고, 이에 1997년 9월 바젤위원회는 개발도상국의 대표자들과 함께 은행인가, 감독방법, 은행의 공시의무, 국제은행업 등 효율적인 은행 감독을 위한 핵심원칙을 만들었다. 또한 비은행 금융기관의 국제금융거래가 늘어남에 따라 국제적인 비은행금융기관에 대해서도 국제적 감독기능을 강화하고, 개별 국가의 제도를 국제기준에 맞추기 위한 노력이 필요하다.

연습문제

01. 금융의 세계화에 대한 다음 물음에 답하라.

1) 금융의 세계화는 어떤 이익을 주는가?

2) 금융의 세계화는 개도국 경제에 긍정적인가 아니면 부정적인가?

🖹 1) 금융의 세계화는 소비의 변동성을 줄여주고, 해외 차입을 통해 투자를 확대하며, 자산보유의 위험성을 줄여주는 역할을 한다. 그러나 현실적으로 개도국은 물론 선진국들도 국제금융시장을 충분히 활용하지 못하고 있다. 특히 개도국들은 생산성이 낮고 금융제도가 취약하여 필요한 자본을 충분히 차입하지 못하는 측면이 있다.

2) 금융의 세계화로 개도국 정부나 기업이 국제시장에서 과도한 차입을 하는 문제가 있고, 한 국가의 위기가 다른 국가의 위기로 쉽게 전파되는 문제가 있다. 반면에, 인적자본이 우수한 경제나 부패 정도가 낮은 개도국으로의 자본 유입은 경제성장을 촉진한다. 즉, 경제제도가 선진화되어 있는 국가에서는 금융의 세계화가 경제성장에 기여한다.

02. 글로벌 불균형에 대한 다음 물음에 답하라.

1) 글로벌 불균형의 주요 원인은 무엇인가?

2) 왜 투자율이 높은 중국은 경상수지 흑자이고, 투자율이 낮은 미국은 경상수지 적자인가?

3) 글로벌 불균형이 조정되지 않고 지속되는 이유는 무엇인가?

🖹 1) 2000년대 들어 나타난 장기적인 대규모의 경상수지 불균형을 글로벌 불균형(global imbalance)이라고 한다. 국가 간 총저축과 투자의 불일치가 경상수지 불균형의 원인이다. 즉, 총저축이 투자보다 많을 때 경상수지는 흑자가 되고, 투자가 총저축보다 많을 때 경상수지는 적자가 된다.

2) 투자가 저축보다 많으면 경상수지 적자, 저축이 투자보다 많으면 경상수지 흑자가 된다. 중국은 투자율이 높지만 저축률이 더 높아서 경상수지 흑자가 되고, 미국은 투자율이 낮지만 저축률이 더 낮아서 경상수지 적자가 된다.

3) 경상수지 불균형이 장기간 지속된 것은 다음과 같은 이유 때문이다. 첫째, 국가 간 자본이동 때문이다. 경상수지 적자가 해외자본의 차입에 의해 충당됨에 따라 불균형 해소가 지체되었다. 둘째, 흑자국이 실질환율을 절상하지 않았기 때문이다. 흑자국이 불태화정책을 실시하여 인플레이션을 억제하고, 환율 절상을 방지하였다.

03. 선진국과 후진국간에 자본이동이 자유롭고, 선진국의 일인당 자본량이 개도국보다 많다고 하자. 이러한 가정에 근거하여 자본이동과 소득수렴에 관한 다음 물음에 답하라.

1) 두 국가의 생산함수가 서로 같다면, 자본은 선진국에서 개도국으로 이동할 것으로 예측된다. 그 이유는 무엇인가? 궁극적으로 두 국가의 소득수준은 수렴하는가?

2) 실제 통계를 보면, 선진국에서 개도국으로 이동하는 자본량은 예상보다 적다. 그 이유는 무엇인가?

답 1) 두 국가의 생산함수가 같다면, 자본량이 적은 개도국의 자본 한계생산성이 선진국의 자본 한계생산성보다 더 높다. 따라서 자본은 한계생산성이 더 높은 개도국으로 이동할 것이다. 궁극적으로 두 국가의 자본의 한계생산성이 같아질 때까지 자본이 이동하므로 양국의 자본-노동부존도가 같아지고, 따라서 두 국가의 소득수준도 같아진다.

2) 개도국의 자본의 한계생산성이 생각보다 높지 않다. 이는 개도국의 기술수준이 선진국보다 낮기 때문이다. 개도국의 기술수준이 선진국보다 낮은 이유는 개도국의 인적자본이 낮은 수준이고, 제도적으로 취약하며, 사회간접자본이 열악하기 때문이다. 그리고 개도국은 정치적 불확실성이 있기 때문에 자본가들이 투자를 꺼리는 측면이 있다. 이처럼 개도국은 자본의 한계생산성이 예상보다 낮고, 정치적 불확실성이 있어서 개도국으로의 자본 유입이 생각보다 적게 된다.

04. 사람들의 투자형태를 보면, 수익률이 높은 자산만이 아니라 수익률이 낮은 자산에도 투자한다. 수익률이 낮은 자산에 투자하는 이유는 무엇인가?

답 사람들은 수익률만이 아니라 위험이나 유동성 등을 함께 고려하여 자산을 선택한다. 수익률은 낮지만 안정적인 자산을 선호하는 사람이 있고, 또 수익률이 낮지만 유동성이 높은 자산을 선택하는 사람들이 있다. 예를 들어, 주식은 수익률이 높더라도 변동성이 크기 때문에 수익률이 낮지만 안정적인 은행예금을 선택하기도 하고, 부동산의 수익률이 높더라도 이를 주식이나 채권으로 바꾸는 데 시간과 비용이 많이 들기 때문에 다른 자산을 쉽게 대체할 수 있는 주식이나 은행예금을 선호하기도 한다. 이처럼 사람들은 수익률이 낮더라도 위험이 낮거나 유동성이 높은 자산을 선택하기도 한다.

05. 국가마다 이자율에 차이가 있다. 그런데 투자행태를 보면, 반드시 이자율이 낮은 국가에서 이자율이 높은 국가로 투자가 이루어지는 것만은 아니다. 사람들이 서로 상대방 국가에 투자하는 교차투자가 나타나는 이유는 무엇인가?

📋 교차투자는 대체로 두 가지 요인 때문에 나타난다. 첫째, 위험의 분산이다. 외국의 금융자산에 투자함으로써 자국의 금융자산에만 투자했을 경우에 비해 투자로부터의 위험을 추가적으로 분산시킬 수 있다. 이러한 목적의 해외투자는 주로 증권투자에 해당한다. 둘째, 해외직접투자는 수익률이나 위험분산의 목적 이외에도 무역장벽의 극복, 현지기업들이 가지고 있는 생산기술이나 노하우의 습득, 정보의 수집, 시장개척 등의 목적으로도 이루어진다. 이와 같이 서로 상대국가에 투자함으로써 이익을 얻을 수 있는 경우 교차투자가 나타난다.

06. 1996년 이후 미국 달러와 유로화로 발행된 채권액이 다른 통화로 발행된 채권액보다 빠르게 증가하고 있고, 특히 1999년 유로통화 출범 이후, 유로통화 발행 채권액이 빠르게 증가하고 있다. 그 이유는 무엇인가?

📋 금융시장에서 채권을 발행할 때, 자금이체 수수료나 환전 수수료가 낮고 환율변동 위험이 작은 통화로 발행하고자 한다. 그런데 달러와 유로의 거래비용과 환율변동 위험성이 다른 통화에 비해 낮은 편이어서 이 두 통화로 발행된 채권 규모가 커지고 있다. 특히 1999년 이후 유로화의 출범으로 유로화의 통용력이 높아져서 유로화로 발행된 채권이 급속히 증가하고 있다.

07. 유로통화란 무엇인가? 그리고 유로통화의 성장요인은 무엇인가?

📋 유로통화(Eurocurrency)란 그 은행이 위치한 현지국 통화가 아닌 다른 국가의 통화로 예치된 예금을 말한다. 특히 달러로 예치된 유로통화예금을 유로달러(Eurodollar)라고 한다. 유로통화의 성장 배경을 살펴보면 다음과 같다. 첫

째, 외국과 빈번한 거래를 하는 수입업자는 외화를 자국에 예치하는 것이 편리하였다. 무역거래가 증가함에 따라 이런 필요성이 점차 높아져서 유로통화가 확대되었다. 둘째, 자국 예금에 대해서는 규제가 있으나 유로통화예금에 대해서는 규제가 없거나 약했다. 셋째, 역사적으로 소련이나 산유국들이 자국이 보유한 통화를 정치적인 이유로 미국보다는 유럽에 예치하기를 희망하였다.

08. 한국 수출업자가 10만 달러의 상품을 미국으로 수출하고, 10만 달러를 1년 후에 받기로 했다. 한국의 예금이자율은 연 6%이고, 미국의 예금이자율은 연 4%이며, 현재 환율은 1,000원/달러이다. 다음 물음에 답하라.

1) 일년 만기 선물환율을 커버된 이자율평형조건을 이용하여 찾아라.

2) 수출업자가 환위험을 회피하기 위해 1년 후 10만 달러를 팔기로 선물환 계약을 하였다. 수출업자가 1년 후 수출대금을 원화로 환전하면 얼마가 되는가?

3) 2)번과는 달리 수출업자가 환위험을 회피하기 위해 예금을 이용하는 방법을 설명하라.

4) 3)번의 경우, 1년 후 수출업자의 수입은 얼마인가? (1년 후 현물환율이 선물환율과 같다고 하자)

5) 환회피 수단인 2)번 방법과 3)번 방법 중 어느 방법을 이용하느냐에 따라 수입업자의 소득에 차이가 나는가?

📖 1) 커버된 이자율평형조건인 $r = r^* + (f-e)/e$에 대입하면, 선물환율(F)은 1,020원/달러가 된다.

2) 1년 후 원화로 환전하면 '10만 × 1,020 = 1억 2백만원'이 된다.

3) 미국에서 10만 달러를 대출하여 현재의 환율로 원화로 환전하고 이를 한국의 은행에 예금한다. 그리고 1년 후 받은 수출대금 10만 달러를 미국은행 대출을 갚는 데 사용하고, 한국의 은행에 예금한 원금과 이자를 찾아서 일부를 달러로 환전하여 미국은행 대출 이자를 갚는 데 사용한다.

4) 1년 후 미국은행 대출의 원금과 이자는 10.4만 달러다. 한국의 은행에 예금하여 찾은 원금과 이자는 1억 6백만원이다. 1년 후 환율이 선물환율과 같은 1,020원이라면, 이 환율로 0.4만 달러에 해당하는 408만원을 환전하고, 미국 수입업자의 수입 10만 달러를 합한 10.4만 달러를 미국은행 대출상환에 이용한다. 따라서 한국 수입업자의 수입은 1억 6백만원에서 미국은행 대출이자 상환금 408만원을 뺀 1억 192만원이 된다.

5) 2)와 4)를 비교하면, 8만원의 차이가 난다. 하지만, 이 금액이 전체 금액에 비해 매우 작기 때문에 차이가 없다고 본다(이러한 차이가 나는 이유는 선물환율을 계산할 때 근사식을 이용했기 때문이다. 그렇지 않으면 차이가 나지 않는다).

23 외채위기와 국제금융위기

복습문제

01. 외채위기의 발생 가능성을 나타내는 몇 가지 지표를 설명하라.

    🔢 채무-성장-부채상환이라는 연결고리가 계속될 수만 있다면, 부채가 많더라도 외채위기는 발생하지 않는다. 부채가 생산적인 부문에 투자되어 경제가 성장하면, 성장의 과실을 이용해 부채를 갚을 수 있기 때문이다. 그러나 현실적으로 모든 국가에서 이런 연결고리가 작동하는 것은 아니므로 상환 가능성 여부를 판단하는 기준이 필요하다. 그 기준 중 하나가 외채/GNP 비율이다.

    외채/GNP 비율은 이자율, 경제성장률, 무역수지 등 복합적인 요인에 의해 결정된다. 무역수지 적자가 누적되거나 외채이자율이 올라가서 이자 부담이 커지면 외채/GNP 비율이 올라가는데, 이 경우 외채위기 가능성이 커진다. 그리고 경제성장률이 높아지면 외채/GNP 비율이 하락하는데, 이 경우 외채위기 가능성이 낮아진다. 이처럼 외채/GNP 비율이 외채위기 가능성을 판단하는 하나의 기준으로 이용되고 있다. 하지만, 어느 정도 수준에서 외채위기를 겪게 되는가는 국가별로 다르다. 채무불이행 경험이 있는 개도국은 낮은 외채/GNP 비율에서도 위기를 겪게 되고, 선진국들은 외채/GNP 비율이 높음에도 불구하고 외채위기를 겪지 않는다. 이와 같이 위기 발생 가능성이 있는 외채/GNP 비율은 국가별로 차이가 있다.

02. 외환위기의 원인으로 모순적인 거시경제정책을 들 수 있다. 이에 대해 설명하라.

📑 1980년 이후 개도국에서 발생한 수많은 외환위기는 모순적인 거시경제정책에서 비롯되었다. 확장적 경제정책과 고정환율제도의 유지가 서로 모순되면서 위기가 발생한다는 것이다. 확장적 재정정책은 인플레이션을 초래하고 이는 환율 상승 압력으로 작용한다. 그런데 고정환율을 유지하면 실질환율이 절상되므로 수출경쟁력이 낮아져서 경상수지 적자를 가져오게 된다. 경상수지 적자와 함께 중앙은행이 환율 상승 압력을 억제하기 위해 외화자산을 매각하면서 외환보유고가 줄어들고, 결국 환율이 급등하는 외환위기를 맞이하게 된다는 것이다. 이 모형은 1980년대와 1990년대 남미 국가들의 외환위기를 설명해준다.

정부가 모순적인 거시경제정책을 실시하는 이유는 정책결정과정의 취약성 때문이다. 중앙은행 독립성이 약한 국가에서는 정치적 압력에 의해 통화량이 증가한다. 정치가들이 인기 영합에 필요한 재원을 중앙은행의 화폐발행으로 조달하면 통화량이 증가하고 인플레이션이 발생한다. 인플레이션으로 인해 고정환율의 유지가 불가능해지면서 결국 환율이 급등하게 된다는 것이다. 이 이론은 외환위기 예방을 위해서는 중앙은행의 독립과 정책결정과정의 선진화가 필요함을 말해준다.

03. 통화불일치가 무엇인지, 왜 이를 개발도상국의 '원죄'라고 하는지 설명하라.

📑 통화불일치(currency mismatches)는 은행이 외화로 돈을 빌려와 자국 통화로 대출하는 것을 말한다. 이 경우 환율이 급등하면 외채가 많은 은행의 부채부담이 급등하면서 위기를 맞게 된다. 예를 들어, 환율이 30% 상승하면, 외채의 국내화 표시 금액도 30% 상승한다. 환율 상승이 은행의 외채부담을 늘리면서 늘어난 부채액을 감당하기 어려운 은행은 파산하게 된다.

통화불일치 문제는 주로 개도국이 안고 있는 문제다. 미국 등 선진국은 해외에서 차입을 할 때 자국통화로 차입을 하므로 상환할 때 환율 변화의 영향을 받지 않는다. 그러나 개도국은 자국통화가 아닌 달러나 유로로 차입을 하므로 환율 변화에 따라 상환부담이 달라진다. 개도국이 자국통화로 차입을 못하는 이유는 국제투자자들이 개도국 통화를 신뢰하지 않기 때문이다. 이처럼 개도국은 국제금융시장에서 자국통화로 차입을 하기 어려운 본질적인 문제를 안고 있다. 그래서 통화불일치 문제를 개도국의 원죄(original sin)라고 한다.

04. 2008년 세계금융위기의 발생 원인과 진행 과정을 설명하라.

🔁 위기발생 원인을 금융 혁신과 도덕적 해이, 금융시장 통합의 문제, 글로벌 불균형 문제로 설명할 수 있다. 먼저 금융혁신(financial innovation)은 자금 조달을 용이하게 하기 위해 위험도를 줄인 새로운 상품을 개발하는 것을 말하는데, 이 새로운 금융상품이 위기의 원인이 되었다. 다음으로 미국 서브프라임 모기지 사태가 전 세계로 확산된 것은 세계 금융시장이 통합되어 있었기 때문이다. 마지막으로 2008년 세계금융위기는 주택가격의 상승과 이로 인한 서브프라임 모기지의 과대대출에서 출발하였는데, 당시 나타난 미국 주택가격 상승은 글로벌 불균형이 한 요인이었다.

　　2001년 IT버블로 인한 경기침체를 극복하고자 미국은 이자율을 인하하였다. 유동성이 풍부해진 은행들은 수익률을 올리는 수단으로 주택담보대출을 경쟁적으로 늘렸고, 이는 서브 프라임 모기지 대출의 증가로 이어졌다. 모기지 업체는 주택담보대출 채권을 2차 모기지 시장에 팔아서 자금을 확보하고, 이 자금을 다시 신규대출 재원으로 활용하였다. 서브프라임 모기지 연체율이 급증함에 따라, 이를 기반으로 개발된 MBS, CDO 등의 파생금융상품 시장가치가 하락했고, 이에 투자했던 대형 금융기관들의 손실이 증가해 갔다. 미국 금융시장의 혼란은 실물경제로 전이되었다. 미국 실물경제의 위축은 빠르게 전 세계 경제로 확산되었다. 미국 부동산시장에서 발생한 서브프라임 사태는 유럽만이 아니라 개도국으로 번지면서 국제금융시장의 불안과 세계 경제의 침체로 이어졌다.

05. 한국 외한위기의 원인과 극복 과정을 간략하게 서술하라.

🔁 한국 외환위기의 원인으로는 거시경제정책의 실패보다는 금융과 기업의 구조적 취약성이 강조된다. 고도성장을 위한 관치금융이 도덕적 해이를 불러와 기업의 방만한 투자와 금융기관의 부실을 초래했으며, 이것이 위기를 가져왔다는 것이다. 1997년 경제위기는 기업위기, 은행위기, 외환위기, 정책적 위기 등 여러 유형의 위기가 복합적으로 나타난 것으로 위기의 원인도 다양하다. 몇 가지 경제적 요인을 정리하면 다음과 같다.

1) 기업의 과잉투자와 과다차입: 1990년대 당시 기업들이 경쟁적으로 이종업종으로 진출하면서 과잉경쟁 또는 과잉투자가 일어났다.

2) 단기외채 비중의 증가: 1990년 이후 기업의 차입 증가와 경상수지 적자의 확대로 총외채가 빠르게 증가하였고, 특히 총외채에서 단기외채가 차지하는 비중이 급속히 증가하였다. 외채총액의 급속한 증가도 문제였지만, 단기

외채의 비중 증가가 더 큰 문제였다.

3) 경제운영시스템의 취약성: 1980년대 이후 꾸준히 개방정책을 추진함에 따라 우리나라 경제가 과거 통제체제에서 시장경제 체제로 전환되어 가고 있었다. 그러나 이런 자율적인 경제운영체제에 적절한 규율이 정비되지 못한 것이 외환위기의 원인이 되었다.

1997년 경제위기 대책의 주요 내용은 거시적 안정화정책과 미시적 구조 조정정책으로 구분된다. 거시적 안정화정책으로는 경상수지 적자를 해소 하기 위해서 수요억제정책을 실시하였다. 금리를 대폭 인상함과 동시에 환 율을 시장상황에 따라 올라가도록 했다. 이러한 초긴축적인 거시경제정책 은 국내지출 억제와 외자유출 방지에 그 목적이 있었다. 미시적 구조조정정 책은 각 시장의 구조적 문제점을 해소하기 위한 여러 방안을 포함하고 있었 고, 그 기본적인 방향은 시장메커니즘이 작동할 수 있는 제도적 여건을 갖 추는 데 초점이 모아졌다.

연습문제

01. 국제금융위기에 관한 다음 물음에 답하라.

1) 외채위기, 외환위기, 은행위기의 정의는 무엇인가? 이 세 위기는 서로 어떤 관련성을 갖는가?

2) 국제금융위기는 왜 경기침체를 야기하는가? 또 한 국가의 위기가 다른 국 가의 경제에 침체를 가져오는 이유는 무엇인가?

답 1) 금융위기는 은행이나 외환시장과 같은 금융시스템이 원활하게 작동하지 않는 위기 상황을 말한다. 외채위기(debt crisis)는 어떤 국가가 약속된 기한 내에 외채의 원금과 이자를 갚을 수 없어서 국가파산(sovereign default)을 선언하는 상황을 말한다. 외환위기(foreign exchange crisis)는 중앙은행의 외환보유액이 부족하고, 환율이 급등하는 상황을 말한다. 환율이 급등하기 때문에 환율위기(exchange rate crisis)라고도 하고, 외환이 부족하다는 점 에서 통화위기(currency crisis)라고도 한다. 은행위기(banking crisis)는 은 행시스템이 불안정해지거나 은행이 파산하여 금융중개기능이 어려워지는 상황을 말한다.

외채위기, 외환위기, 은행위기는 서로 연관성이 있으며, 동시에 일어나기도 한다. 외환위기로 인해 환율이 급등하면 외채 상환 부담이 급등하면서 채무자들이 이를 갚지 못하면 외채위기나 은행위기가 나타난다. 외채위기, 외환위기, 은행위기 중 두 가지가 동시에 나타나는 것을 쌍둥이 위기(twin crisis)라고 하고, 세 가지가 동시에 나타나는 경우를 세쌍둥이 위기(triple crisis)라고 한다.

2) 금융은 실물경제의 매개체 역할을 한다. 그런데 금융시스템이 붕괴되면 소비와 투자가 위축되면서 경기가 침체된다. 금융시장이 통합된 오늘날, 한 국가의 자본은 자국에만 머무르지 않고 국제금융시장으로 흘러 들어간다. 그래서 한 국가가 위기에 빠지면 이 위기가 다른 국가로 확산되면서 주변 국가도 어려움을 겪게 된다.

02. 자본이동이 자유로운 개발도상국 경제가 조정가능한 고정환율제도를 시행하고 있다. 이 나라가 인플레이션으로 매년 10%씩 평가절하를 시행하고 있다면, 이 나라의 명목이자율은 해외 명목이자율과 어떤 관련을 갖는가?

📋 이 경제에서는 매년 10%씩 평가절하가 이루어지므로 사람들은 매년 환율이 10%씩 상승할 것으로 예상할 것이다. 따라서 예상환율 상승률이 10%이다. 이자율평형조건에서 이 나라의 명목이자율은 '외국의 명목이자율 + 예상환율 상승률 10%'와 같아지므로 이 나라의 이자율이 해외 이자율보다 10% 높게 된다.

03. 1997년 한국의 외채위기 당시 한국의 금리는 30%수준까지 상승하였고, 이는 기업의 투자를 위축시켰다. 투자수요의 감소는 경상수지를 개선하여 부족한 외환을 확보하는 요인이 되었지만, 당시의 고금리정책에 대한 비판이 많다. 그 이유는 무엇인가?

📋 당시 고금리 정책을 실시한 이유는 외국 자본을 유치하기 위함이었다. 외환위기를 맞이한 한국으로서는 외자유치가 무엇보다 긴급했다. 그러나 당시 고금리는 기업의 이자 상환 부담을 늘려서 많은 기업의 도산 요인이 되었고, 기업 투자를 위축시켜 경기침체가 장기화되는 등 한국경제의 회복과 성장에 걸림돌이 되었다.

04. 외환위기와 관련된 다음 물음에 답하라.

1) 1980년대 중남미 외채위기와 1997년 동아시아 외환위기는 어떤 점에서 차

이가 있는가?

2) 외환위기의 원인으로 제기되는 통화불일치 문제는 선진국보다 개도국에서 더 심각하다. 그 이유는 무엇인가?

3) 외채 규모보다 단기외채의 비중이 높을 때 위기 가능성이 높다고 한다. 그 이유는 무엇인가?

4) 도덕적 회의(moral hazard)는 어떤 점에서 외환위기의 원인이 되는가?

📋 1) 1980년대 남미의 외채위기는 중남미 국가들이 정부지출과 경제개발 자금을 외채로 충당하면서 외채가 너무 많았고, 재정적자가 누적되어 외채 상환이 어려워져 발생하였다. 이에 비해 1997년 동아시아의 외환위기는 재정적자의 누적보다는 국제자본시장의 불안정성, 정부의 암묵적 지급보증에 의한 도덕적 해이, 자본자유화에 따른 대규모 자본유입과 단기부채의 증가 등이 주요 요인이었다.

2) 국제투자자들은 개도국 통화의 안정성을 신뢰하지 않기 때문에 돈을 빌려줄 때 달러나 유로 등 선진국 통화로 갚을 것을 요구한다. 이런 이유로 개도국들은 자국통화가 아닌 외국통화로 차입을 할 수밖에 없어서 통화불일치 문제를 안게 된다. 통화불일치 문제가 있는 경우, 환율이 급등하면 외채의 자국 화폐 상환부담이 급등하므로 외환위기 가능성이 높아진다.

3) 단기외채 비중이 높을 때 만기불일치 문제의 발생 가능성이 높아지기 때문이다. 단기차입 비중이 클수록 해외투자가가 일시에 자금을 회수하면 상환이 어려워지면서 외환위기가 발생하게 된다. 지금까지 일반적으로 단기차입의 비중이 큰 국가에서 외환위기가 일어났다.

4) 기업이 부도를 내더라도 정부가 이를 갚아줄 것이라고 생각하면 해외 투자자들은 과잉대출을 한다. 또 외국에서 낮은 금리로 도입한 자금을 금융기관들은 효율적인 기업보다는 정부 관료의 친인척에게 대출해준다. 이는 모두 도덕적 해이 때문이다. 도덕적 해이로 인한 과잉투자와 비효율적인 대출은 투자의 부실을 초래하여 어느 날 거품이 사라지면 외환위기가 발생한다.

05. 홍콩은 미달러화에 대해 고정환율제도를 채택하고 있다. 아시아 외환위기 때, 주변국의 통화가치가 대부분 급격히 하락하였다. 당시 홍콩의 정부는 사람들에게 평가절하가 없을 것임을 납득시키고자 노력했다. 그 이유는 무엇인가?

📋 아시아 외환위기 당시 홍콩 화폐는 달러에 연계되어 있어서 주변국에 비해 강세가 됨에 따라 수출경쟁력이 하락하고 경상수지가 악화되자 사람들은 홍콩 달러가치가 하락할 것으로 예상하였다. 홍콩 달러 가치가 하락할 것으로 예상

하면, $DD-AA$모형에서 AA곡선이 위로 이동하므로 환율 상승(평가절하) 압력이 더 커지게 된다. 홍콩 정부는 예상에 의한 평가절하 압력을 해소하기 위해 사람들에게 홍콩 달러가 평가절하되지 않을 것이라는 신뢰를 주고자 하였다.

06. 아시아 외환위기 이전 환율변화를 억제하던 아시아 국가들이 외환위기 이후 대부분 자유변동환율제도로 전환하였다. 그 이유는 무엇인가?

📑 자국의 환율상승이 불가피한 상황임에도 불구하고 환율을 고정시키면, 자국화폐가 강세(실질환율 하락)가 되어 수출경쟁력이 낮아지고 경상수지가 악화되어 외환위기 발생 가능성이 높아진다. 한국의 경우 외환위기 이전 950원/달러이던 환율이 이후 1,300원 수준에서 안정되었던 것을 보면, 외환위기 이전 환율이 지나치게 낮은 수준에서 유지되었고 이것이 위기의 원인이었음을 말해준다. 따라서 외환위기 이후 적정수준에서 환율이 변동하도록 변동환율제도로 전환하였다.

07. 1997년 우리나라 외환위기의 원인은 무엇인가? 그리고 외환위기를 사전에 방지하기 위한 방안은 무엇인가?

📑 한국 외환위기의 원인으로는 거시경제정책의 실패보다는 금융과 기업의 구조적 취약성이 강조된다. 구체적으로는 기업의 과잉투자와 과다차입, 단기외채 비중의 증가, 경제운영시스템의 취약성을 들 수 있다. 금융시스템을 적절히 관리, 감독할 수 있는 경험과 능력이 부족한 상태에서 너무 빠르고 신속하게 금융시장을 개방한 것이 외환위기 발생의 원인으로 작용하였다. 따라서 외환위기 예방을 위해서는 금융개방보다 개도국의 금융시스템 안정화가 선행되어야 함을 시사한다. 즉 금융시장개방과 해외자본관리에 보다 신중하였더라면 외환위기의 발생을 어느 정도 사전에 예방할 수 있었을 것이다.

08. 1997년 우리나라 외환위기 발생의 직접적인 원인 중 하나는 외국투자가들의 급작스러운 달러인출을 충분히 대주지 못한 한국은행의 외환보유고 부족 때문으로 알려져 있다. 외환보유고 부족은 외국투자가들에게 환율인상에 대한 기대를 낳았다. 이에 대한 IMF의 제안 조치와 한국경제의 회복 과정에 대한 다음 질문에 $DD-AA$곡선을 이용해 답하라.

1) 우리나라의 외환보유고 부족이 알려지면서 외국투자가들의 원화에 대한 불신이 일어나게 되었고, 다른 한편으로는 국내대출의 기회가 막히면서 국

내투자자들에는 향후 경제에 대한 회의적인 전망이 팽배했었다. 이러한 충격이 국내경제에 미치는 효과를 $DD-AA$곡선의 균형을 이용하여 설명하라.

2) 환율인상과 이자율인상을 제시한 IMF의 제안은 위 1)번의 균형에 어떠한 변화를 가져 오는가?

3) 환율인상과 이자율인상을 제시한 IMF 제안이 우리 경제에 미친 긍정적인 측면과 부정적인 측면을 각각 설명하라.

📘 1) 외환보유고가 부족해지자 원화에 대한 불신이 형성되어 사람들이 향후 환율이 올라갈 것으로 예상하게 되었다. 이러한 예상 환율 상승으로 AA곡선은 위로 이동한다. 한편으로 향후 경제에 대한 회의적인 전망은 국내 투자가 줄어서 DD곡선은 좌측으로 이동한다. 이 두 곡선의 이동 결과, 환율은 대폭 상승하고, 생산량(Y)은 AA곡선과 DD곡선 중에서 어느 것이 더 많이 이동하는가에 따라 증가 또는 감소가 결정된다.

2) 환율 인상은 수출을 늘려 DD곡선을 우측으로 이동시키고, 이자율 인상은 AA곡선을 아래로 이동시킨다. 이 두 곡선의 이동 결과, 환율은 낮아지고, 생산량(Y)은 AA곡선과 DD곡선의 이동 정도에 따라 증가 또는 감소가 결정된다.

3) 환율 인상은 경상수지 개선에 도움을 주었고, 이자율 인상으로 인한 외화 유입은 환율 안정에 도움을 주었다. 그러나 환율 인상은 자본재 수입 가격을 높여서 투자비용을 높이는 부작용이 있었고, 이자율 인상은 투자를 위축시켰을 뿐만 아니라 부채의 상환부담을 키워서 많은 기업이 도산하는 부작용이 있었다.

09. 유로존(Eurozone)에서 재정정책은 유효한가? 남유럽 재정위기의 사례를 참조하여 설명하라.

📘 금융정책과 환율정책을 시행할 수 없는 유로존 국가들에게는 재정정책만이 유일한 정책수단이다. 그러나 이 재정정책도 금융시장에 영향을 미치기 때문에 독립적으로 사용되기 어렵다. 재정정책이 생산 증가와 일자리 창출에 성공하지 못하면 재정적자 폭만 증가하게 되고, 재정적자 증가로 인한 재정위기는 국채 이자율을 높여서 금융부분을 취약하게 한다. 즉, 재정 확대에 따른 재정 부실이 금융위기로 이어질 수 있어서 재정정책의 자유로운 사용은 제약을 받을 수밖에 없다.

〔저자약력〕

김신행

서울대학교 법과대학 3학기 수료
미국 콜럼비아 대학교(Columbia University, 경제학사, 경제학박사)
한국국제경제학회 회장
현재: 서울대학교 경제학부 명예교수
주요 저서:
- 김신행, 경제성장론(경문사, 1999).
- Kim, Shin-Haing, Taegi Kim, and Keun-Yeob Oh, *International Trade and Economic Growth in the Korean Economy*, Cambridge Scholars Publishing, London, 2023.

김태기

서울대학교 국제경제학과(경제학사, 경제학석사, 경제학박사)
미국 University of Colorado Boulder 교환교수
한국국제경제학회 회장
현재: 전남대학교 경제학부 명예교수
주요 논문:
- Kim, Taegi and Changsuh Park, "R&D, Trade, and Productivity Growth in Korean Manufacturing," *Weltwirtschaftliches Archiv*, 2004.
- Kim, Taegi, Keith Maskus, and Keun-Yeob Oh, "Effects of Knowledge Spillovers on Knowledge Production and Productivity Growth in Korean Manufacturing Firms," *Asian Economic Journal*, 2014.

국제경제론 해답집

2024년 2월 25일 초판 인쇄
2024년 3월 10일 초판 발행

저 자 김 신 행 · 김 태 기
발행인 배   효   선
발행처 도서출판 法 文 社

주 소 10881 경기도 파주시 회동길 37-29
등 록 1957년 12월 12일 / 제2-76호(윤)
TEL (031)955-6500~6 FAX (031)955-6525
e-mail (영업) bms@bobmunsa.co.kr
        (편집) edit66@bobmunsa.co.kr
홈페이지 http://www.bobmunsa.co.kr

조 판 (주) 성 지 이 디 피

정가 12,000원   ISBN 978-89-18-91492-3